그게 가능해?

부자가 되고 싶지 않은 사람은 없다.

하지만 구체적으로 알려고 하는 사람은 얼마 없다!

이 책은 경쟁하지 않고도 부자될 수 있는 '시스템'을 제시한다.

매달 2천만 원 버는 네트워크 비즈니스의 비밀

그게 가능해?

서진숙 지음

이 책은 당신에 관한 책이다.

당신에게 기회는 있다.
다만 충분히 준비된 상태가 아니라면
그 기회를 눈뜨고 놓치게 된다.
항상 긍정적인 생각과 적극적인 행동으로 기회는 잡을 수 있다.
준비하기에 이른 시기란 없다.
빨리 준비할수록,
당신의 인생은 더욱 빛을 발한다.

치열하게 경쟁하는 시대라고 겁먹지 마라.
당신이 도약할 기회의 문은 항상 열려 있다.

꿈은 함께 할 때 이루어진다.

많은 이들이 시간이 없다고 한다!

현재 남녀 평균수명인 75세를 기준으로 할 때
한 사람에게 평생 주어진 시간은 3,942만 분이다.
만일 당신이 현재 25세라면 2,628만 분이 남은 것이다.
만일 당신이 현재 30세라면 2,365만 분이 남은 것이다.
만일 당신이 현재 40세라면 1,839만 분이 남은 것이다.
만일 당신이 현재 50세라면 1,314만 분이 남은 것이다.
만일 당신이 현재 60세라면 788만 분이 남은 것이다.
만일 당신이 현재 74세라면 52만 분이 남은 것이다.

_출처 비즈니스 위클리

하지만 **시간이 없다는 핑계** 속에서도
당신이 **할 수 있는** 일이 분명히 **있다.**

어떤 **대단한 사람**도 **모두** 갖춰진 상황에서
시작한 것은 **아니다.**
그들은 그때 할 수 있는 **최선의 노력**을
거듭하며 **정상에 도달**할 수 있었다.

가진 게 **없는 사람**이 무(無)에서
성공하기는 **힘들다.**
하지만 성공자가 **닦아놓은 길을**
따라가는 일은 충분히 **할 수 있다.**

불가능과 가능은 한 끗 차이다

눈앞에 두 갈래 길이 주어졌다고 치자. 한쪽 길은 험난하지는 않지만 지금껏 살아온 대로 살 수 있는 길, 또 하나는 어렵고 험난하지만 지금과는 다른 충족한 삶을 살 수 있는 길이다.

어느 쪽을 택하겠는가?

짐작하건대 대부분의 사람이 험난하지만 새로운 길, 큰 성공으로 다가갈 수 있는 길을 택할 것 같지만 현실은 그렇지 않다. 인간에게는 지금껏 해왔던 관성을 따르고자 하는 본능이 있기 때문이다. 아무리 새로운 도전이 눈앞에 펼쳐져도 '혹시 실패하면 어쩌지? 자칫 잘못하다가 더 큰 걸 잃으면 어쩌지? 하는 두려움의 벽에 갇혀버린다.

또한 자신이 잘 아는 일이 아니면 꺼리는 것도 도전을 가로막는 장벽이다. 저 일이 성공을 가져다줄지 백퍼센트 확신하지 않으면 발걸음을 떼지 않는 것이다.

단언컨대 이 모두가 삶에 대한 편견이 만들어내는 잘못된 선택이다. 편견이란 어떤 사태를 한쪽 면으로만 바라보는 시선을 뜻한다. 두 눈을 가지고도 한 면밖에 보지 못하니 제대로 된 선택을 내리기 어려워지는 것이다. 그렇다면 이런 편견에서 벗어나 새로운 삶의 기회를 얻을 방법은 없는 것일까?

해답은 현실을 직시하는 데 있다

시대는 변하고 있다. 많은 이들이 IMF 때 보다 살기 어렵다고 한다. 정부가 말하는 경제성장률 수치는 나날이 높아진다는데 살림살이는 나아진 게 없다. 한 눈 팔지 않고 열심히 살아왔는데도 현상유지라도 하고 있다면 다행, 급작스러운 실직이나 사고로 인해 빈곤층으로 추락하는 이들이 더 많은 것이 지금의 현실이다.

맞벌이 부부가 30년을 꼬박 일해야 간신히 집 한 채를 살 수 있는 세상, 자녀 하나 대학 보내는 데 1억 이상의 양육비와 학비가 드는 현실, 노후 대책은 커녕 당장 먹고살기도 힘들어 한겨울 기름도 땔 수 없는 노인들이 허다한 현실, 먹고살 만하면 병에 걸려 모아둔 재산을 병원비로 고스란히 갖다 바쳐야 하는 현실…. 잘못되어도 한참 잘못된 세상 같은데 뾰족한 원인도 모르겠고 해답도 없으니 누구를 원망해야 할지 알 수 없다. 과연 이 모두는 누구의 잘못일까? 열심히 살아오지 못한 우리 자신의 과오일까? 아니면 세상이 이상하게 돌아가는 것일까? 아니면 지금껏 우리가 믿고 있던 모든 것이 잘못된 것일까?

새로운 생존의 법칙이 필요하다

과거 우리의 성공은 열심히 노력하는 것에 달려 있었다. 똑같이 공장을 운영해도 열심히 한 쪽이 더 많은 수익을 얻고, 심지어 공부를 열심히 하는 것이 성공의 길로 여겨지곤 했다. 이제 세상은 달라졌다. 단순히 열심히 노력하는 것만으로는 부족하다. 세상을 둘러보고 알아가며 새로운 관점으로 미개척지를 찾아내 영역을 구축하는 사람이 훨씬 더 큰 성공을 누리는 시대가 온 것이다.

한 예로 21세기 사업의 새로운 화두로 주목 받고 있는 네트워크 비즈니스가 그렇다. 많은 이들이 사업을 하고 싶어 하지만 현실은 녹록하지 않다. 어마어마한 초기 비용은 물론 그 사업이 꼭 성공하리라는 법이 없기 때문이다.

그런데 학벌이나 나이, 성별과 관계없이 모두가 시작할 수 있는 사업, 적은 자본으로도 도전할 수 있는 사업이 있다면 어떨까? 나아가 개인의 노력만으로 사업을 일궈가는 것이 아니라 시스템을 통해 함께 하며 리스크를 줄일 수 있다면 어떻겠는가?

이 사업 이야기를 처음 듣는 이들은 대부분 불신의 눈길로 바라보지만, 반면 이를 새로운 기회로 생각해 도전함으로써 삶을 변화시키고 물질적 부를 일궈내는 이들도 있다.

이 책은 바로 이 새로운 성공, 새로운 시대에 걸맞은 네트워크 사업을 소개하고, 왜 우리가 이 사업을 해야 하는지를 설명하고자 쓰여졌다.

새 술은 새 부대에 담아야 한다는 말이 있다. 평생 노력했는데 삶의 결실이 기대만큼 못하다고 속상해하는 분들이 많다. 그렇다면 이제 편견을 깨고 새로운 관점으로 세상을 둘러보라고 권하고 싶다. 목마른 사람이 우물을 파는 것처럼 마음을 열고 성공을 바라는 사람은 반드시 그에 걸맞은 기회를 붙잡을 수 있다. 이 책이 그 자리에 여러분과 함께 하며, 여러분을 성공으로 이끄는 길잡이가 될 것이다.

서 진 숙 씀

차 례

3장 최후의 승자는
보는 눈이 남다르다

4장 로열티를 구축하는 성장의
비밀은 여기에 있다

5장 네트워크 비즈니스로
성공한 사람들을 만나자

연봉 2억을 위한 액션플랜

1장

편견부터 바꿔라!

1) 편견의 **함정**에서 **탈출**

한 치 앞을 내다보기 어려운 세상이라고들 한다. 어제 기정사실이었던 것이 오늘에는 아무것도 아닌 것이 되어버리고, 오늘날에는 가치 있는 것들도 내일이면 휴지 조각으로 변해버린다. 이처럼 세상은 빨리 변하는데 우리의 생각과 믿음은 그 속도를 따라가지 못하고 있다. 또한 새로운 삶을 꿈꾸면서도 어제의 편견을 버리지 못하는 이들이 훨씬 더 많다.

마찬가지로 네트워크 비즈니스를 받아들이는 견해도 사람마다 다르다. 새로운 변화는 반드시 저항에 부딪치게 마련이고, 네트워크 비즈니스라는 새로운 사업 방식 또한 받아들이기에 따라 낯설고 이질적으로 느껴질 수 있다.

'네트워크마케팅은 불법 피라미드 아닌가?', '네트워크마케팅을 해봤자 돈 버는 사람은 없다더라' 식의 오래된 편견이 부정적인 인식을 갖게 한다.

때문에 많은 사람들이 네트워크 비즈니스에 대해 깊이 알아보려고 하지도 않은 채 관심을 포기하는 것은 그야말로 안타까운 일이다. 조금만 편견의 닫힌 문을 열고 돌아보면 네트워크 비즈니스로 성공한 사람을 만날 수 있는데도 말이다.

상식 밖에서 생각하기

세계적인 베스트셀러 작가인 로버트 기요사키는 아슬아슬하게 유지되는 평범한 이들의 삶을 '렛 레이스'에 비교한다. 렛 레이스란 작은 상자 안에서 벌어지는 쥐들의 경주로, 희망 없이 현상 유지만 하며 집과 일터를 왔다 갔다 하는 쳇바퀴 같은 삶을 의미한다.

경주 쥐들의 삶은 상상하기 어렵지 않다. 아무리 달려도 상자 밖을 벗어날 수 없고, 그나마도 더 빠른 쥐가 있으면 결승선에 먼저 도달하지 못해 먹이를 빼앗긴다. 그야말로 90% 현대인의 삶을 적절히 표현한 비유다.

최근 20대 3명 중의 한 사람은 백수나 아르바이트로 생계를 유지한다고 한다. 2000년대 들어 유례없이 높아진 대한민국의 실업률은 청춘의 자신만만함마저 꺾어버리기에 충분하다.

이력서를 수십 통, 나아가 몇 백 통씩 내고도 취업하지 못한 청년들이 한 집 걸러 한 집에 있는 셈이다.

그뿐인가. 혹여 바늘구멍을 뚫고 취업이 됐다고 모든 게 해결되는 것도 아니다. 갓 사회에 진입한 만큼 인턴사원, 비정규직 등으로 일하면서 쥐꼬리만 한 월급에 만족해야 한다. 많이 꿈꾸고 미래를 설계해야 할 나이에, 벌써부터 초과근무를 하며 일에 치이느라 자기계발을 할 시간은 엄두조차 내지 못한다.

설사 실력과 운이 좋아 대기업 등에 취업해도 상황은 크게 달라지지 않는다. 싱글일 때는 어느 정도 여유를 가지지만, 30대가 되어 결혼을 하면 주택 구입비나 자녀 양육비 같은 또 다른 족쇄가 더해지며, 애써 일한 직장에서 정년까지 근무할 수 있을지도 불투명해진다. 능력 있는 신입사원들이 치고 올라오고, 회사는 고정 비용을 줄이기 위해 근속년도가 높아질수록 퇴사를 종용하기 때문이다.

이것만으로도 숨이 찬데, 중년이 되면 또 어떤가. 자녀들의 학비는 천정부지로 치솟고 평균 5-10억이라는 노후자금 모을 일도 아득하게 멀어만 보인다. 이럴 때 대부분의 사람들은 이렇게 생각한다.

'그래도 나는 나은 편이야. 나보다 힘든 사람도 많잖아. 다들 이렇게 사는데, 나라고 별 수 있겠어?

여러분은 어떤가? 이렇게 위안하며 계속해서 쥐들의 레이스를 달리겠는가? 아니면 위기 상황을 정확히 진단하고, 상식과 편견이라는 답답한 상자에서 벗어나 나만의 꿈을 이루고 성공하고 싶은가?

편견이라는 현실에서 탈출하기

코끼리 말뚝이라는 것도 있다. 서커스 조련사들은 어린 코끼리를 조련하기 위해 어린 시절부터 발목을 단단한 말뚝에 밧줄로 묶어놓는다. 어린 코끼리는 처음에는 말뚝에서 벗어나려고 애쓰지만 반복되는 실패로 포기하게 된다. 그러면서 어린 코끼리의 마음에는 '해도 안 돼' 라는 체념이 자라나고 말뚝을 뽑을 수 있는 어른 코끼리가 되어서도 말뚝에서 벗어나려 들지 않게 된다.

우리를 현실에서 멀어지게 하는 위험한 말뚝은 바로 '편견'이다. '어차피 해봤자 고생만 할 거야.', '저 사업은 절대로 돈이 될 수 없어. 손해만 볼 테니까.' 하는 부정적인 생각이 눈을 멀게 하는 것이다.

네트워크 비즈니스라는 새로운 기회를 만나려면 가장 먼저이 같은 부정적인 생각을 멀리 하고, 현실적으로 사업 정보를 알아보려는 시도를 해야 한다. 단언컨대 세상에 시도해봐서 손해 볼 일은 절대 없다. 마음에 들지 않으면 그때 돌아서도 되기 때문이다. 문제는 아예 시도조차 해보지 않는 것이다. 편견을 버리고 일단 시도해보는 것이야말로 이 세상 모든 성공의 시작임을 기억해야 한다.

아하, 그렇구나!

새로운 삶을 위한 희망의 순환고리 6단계

계획한 바대로 꾸준히 행동한다.

지금 시작해도 늦었다는 생각을 버리고, 미래를 계획하겠다고 다짐한다.

구체적으로 실천할 수 있는 방안을 찾는다.

희망의 순환고리

내가 꿈꾸는 것은 무엇이며, 그 미래는 어떤 모습일지 구체적으로 그려본다.

나와 함께 꿈을 나눌 사람을 찾아 협력관계를 맺는다.

꿈을 이루기 위한 정보를 수집한다.

* 세상이 조금씩 더 나아지도록 꾸준히 반복한다 *

2) 왜 **열심히** 일하는데 **부자가** 되지 못할까?

혹자는 현실에서 벗어나려면 현실을 직시해야 한다고 말한다. 현실의 위기를 타개하는 해답도 결국은 그 현실에 있기 때문이다. 그렇다면 현실 점검에서 가장 주목해야 할 부분은 무엇일까?

대박을 터뜨릴 수 있는 일을 해야 한다

불과 10년 전만 해도 어떤 정보를 습득하려면 도서관 등에서 일일이 책을 뒤져 필요한 자료들을 수집해야 했다. 학생들의 공부는 물론, 직장인들의 지식 습득도 이 과정을 통해 이루어졌다. 그렇다면 지금은 어떤가? 머릿속에 쌓아둬야 했던 지식이 이제는 전부 인터넷으로 통하는 것이다.

궁금한 것이 있을 때 여러분은 가장 먼저 무엇을 하는가? 책을 뒤지는 이들도 있겠지만, 대부분은 스마트 폰이나 컴퓨터를 통해 검색 기능을 활용할 것이다. 즉 과거에는 도서관이나 책, 신문 등을 통해 얻어야 했던 지식을 이제는 인터넷으로 손쉽고 간편하게 얻을 수 있게 되었다.

이런 상황에 발맞추어 최근 다양한 소프트웨어가 개발되어 어떤 소프트웨어는 인간의 두뇌를 넘어선다고 한다. 이는 지난 세기에 벌어졌던 산업혁명과 비견될 만하다. 2차 세계대전 전후 부흥의 시대를 맞이해 다양한 기계들이 개발되면서 어떤 일이 벌어졌는가? 방직공장이나 자동차 공장 등 제조업에 종사하던 수많은 블루칼라들이 일자리를 잃었다.

마찬가지로 지금은 각종 소프트웨어가 화이트칼라들의 자리를 밀어내고, 인공지능을 탑재한 다양한 소프트웨어들이 극도로 첨단화된 기계들과 협업하며 다양한 업무를 수행하고 있다. 심지어 법률 자문이나 약 조제, 진료조차도 스마트 기기들이 맡아서 할 정도가 되었다. 그러다 보니 소프트웨어 개발은 말 그대로 황금알을 낳는 사업이 되었고, 과거 하드웨어 개발에 치중했던 자본과 기술을 소프트웨어에 투자하는 기업들이 늘어났다. 시대가 변했으니 투자 대상도 달라지는 것이다.

이는 우리 자신에게도 마찬가지다. 많은 사람들이 부자가 되고 싶다고는 하지만, 이 같은 시대 변화를 알아채는 사람은 많지 않다.

진짜 대박을 터뜨리고 싶다면 시대의 흐름을 읽으며, 그 시대가 요구하는 사업에 관심을 두어야 한다. 그럼에도 대부분은 과거의 방식에 따라 돈을 벌려고 한다. 대박을 원하면서도 이 시대가 펼쳐놓은 진짜 대박의 기회는 몰라보는 것이다.

대박을 좇다가 쪽박을 찬 사람도 있다

이 세상은 새로운 가치를 개발하는 사람이 승자가 되는 세상이다. 그럼에도 우리는 복잡하고 바쁜 생활 속에서 스스로 생각할 줄 아는 능력을 잃어가고 있다. 농경과 도시 문명에 진입하며 수렵과 사냥하는 법을 잊은 것처럼, 자동화가 첨예해진 환경에서 생각하는 능력 또한 급속히 퇴화하고 있는 것이다. 하지만 앞으로 펼쳐질 시대는 생각하는 힘이 중요시되는 만큼 사회적 성공 역시 여기에 달려 있다.

주변을 둘러보라. 어떤 기회가 보이는가? 아무것도 보이지 않는다면 아직 편견의 덫에 사로잡혀 있을 가능성이 높다. 사업에 성공한 사람들은 한결 같이 말한다. 세상은 늘 무한한 기회로 열려 있으며, 중요한 것은 그 기회를 알아보고 시작하는 것이라고 말이다.

하지만 대박을 좇는 일에도 순서와 규칙이 있다. 무작정 돈을 벌기 위해서 돈을 추구하는 사람은 눈앞의 이익에만 연연하게 되고, 그것이 결국 무리한 사업 운영, 인간관계의 파괴, 정신의 피폐함을 낳는다. 대박을 쫓다가 쪽박을 차는 경우다.

어떤 사업을 시작하려면 무엇보다 그 사업을 해야 하는 이유, 사업을 운영하는 원칙을 세워야 한다. 또한 혈혈단신 사업을 일구겠다는 전근대적인 사고방식을 버리고, 함께 일할 수 있는 파트너와 함께하며 난관을 돌파하겠다는 마음이 필요하다. 결과적으로 대박을 낳는 방법은 편견을 버리고 다각적인 분석을 통해 최선의 사업을 선택하는 것이다.

문제는 시스템에 있다

자영업자의 90%가 1년 안에 문을 닫는다. 아무리 개인의 노력이 있다해도 사업은 언제나 실패 가능성을 동반한다. 네트워크 비즈니스도 마찬가지다. 여느 사업과 마찬가지로 노력이 중요한 사업이지만, 오로지 개인의 노력만으로는 한계가 있기 때문이다.

지금껏 우리가 해왔던 일들이 큰 부를 안겨주지 못했던 이유는 다른 것이 아니라, 첫째 아이템의 실패였다. 최근 신문기사를 보면 퇴직자의 적잖은 수가 치킨 집을 차린다고 한다. 국민 음식이니 수요가 많고, 조리법도 비교적 쉽다는 것이다. 하지만 주변을 둘러보라. 얼마나 많은 치킨집이 들어섰다 망해 나갔는가를. 그럼에도 많은 퇴직자들이 치킨 집에 도전하는 것은 철저하고 냉정하게 아이템을 평가해야 한다는 사업의 첫 번째 원칙을 잊었기 때문이다.

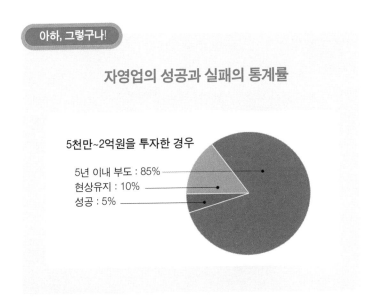

아하, 그렇구나!

자영업의 성공과 실패의 통계률

5천만~2억원을 투자한 경우

5년 이내 부도 : 85%
현상유지 : 10%
성공 : 5%

두 번째는 시스템의 부재다. 소규모의 영세업자들이 대기업을 이길 수 없는 가장 큰 이유는 시스템이 존재하지 않기 때문이다. 크고 오래된 기업들은 모두 고유의 시스템을 가지며, 각각의 부서들도 이 시스템을 토대로 움직인다. 단순히 직원 수만 많은 것이 아니라 상품 개발, 판매, 유통, 반품까지 모든 기업 활동이 매뉴얼화 되어 이것을 보고 배우는 것만으로도 업무가 가능해지는 것이다. 이제 개인 사업도 체계화된 시스템을 가져야 한다. 자신의 전부를 걸겠다는 포부만으로는 몸집도 크고 시스템도 잘 정비된 기업을 이길 수 없다.

네트워크 비즈니스의 탁월한 면도 이런 시스템에 있다. 유경험자가 무경험자에게 안내하여 사업 파트너로 성장시키는 탄탄한 교육 시스템은 물론, 상품의 판매와 관련된 다양한 업무 능력 또한 시스템을 통해 배울 수 있는 것이다.

3) 현실을 보는 **안목 넓혀야** 한다

세대차이라는 말이 있다. 지난 세대와 지금의 세대가 다르고, 때문에 사고하는 방식도 달라 대화에 어려움을 겪는다는 의미이다. 심지어 부모와 자식 간에도 이 같은 세대의 차이가 존재해 작고 큰 마찰을 겪기도 한다.

세대차이가 생겨나는 가장 큰 이유는 각각의 시대가 요구하는 사고방식이 다르기 때문이다. 한 예로 전통적 방식의 교육을 받고 자란 이들의 가치관과 그렇지 않은 이들의 가치관은 다를 수밖에 없다. 이를테면 외국에서 교육 받고 자란 이들과 대한민국 안에서만 교육 받은 이들의 가치관이 다를 수밖에 없는 것도 비슷한 이치다.

나아가 세대 차이는 그 자체로 많은 점을 시사하는데, 어떤 관점을 가지고 살아가는가에 따라 그 삶의 모습도 달라진다는 점을 명확히 보여준다.

이젠, 성공한 사람들을 분석해야 한다

부자들은 돈을 사랑하는 사람들이다. 사랑하기에 돈에 투자하고, 돈을 벌려고 한다. 이 시대에 큰 부자가 된 사람들은 대부분 이런 사고방식을 부끄러워하지 않는다. 남에게 빼앗은 돈은 나쁜 돈일 수 있지만, 정직하게 노력해서 벌어들인 돈은 오히려 자랑이라고 생각한다.

과거 전통적인 우리 관습에는 돈을 혐오하는 사고방식이 스며 있다. 돈 많은 이들을 천석꾼이니 만석꾼이니 칭하고, 졸부라는 명칭도 서슴없이 붙이곤 했다. 사촌이 땅을 사면 배가 아프다는 것처럼 질투에서 비롯된 행동일 수 있지만, 돈이 지나치게 많으면 오히려 인생을 풍요롭게 살 수 없다고 믿었던 것도 사실이다.

과연 그럴까? 가슴에 손을 얹고 생각해보자. 지금보다 돈이 많다면 할 수 있는 많은 일들을 떠올려보자. 대부분은 그다지 비윤리적인 것들이 아니다. 인생을 풍요롭게 살아가고, 가족과 지인들에게 보다 행복한 삶을 선사하고, 하고 싶은 일들을 무리 없이 진행할 수 있는 정도의 부, 아마 여러분이 원하는 것은 이 정도일 것이다. 그것이 과연 잘못된 것인가? 이런 생각을 해보는 자체가 비윤리적이라고 생각하는가?

과거의 성공방식은 버려라

이른바 글로벌 시대다. 다양한 가치관들이 서로에게 영향을 주는 지금, 전 세계는 경제적으로나 문화적으로 서로의 영향력 아래 있다. 이런 상황에서 오래된 가치관에서 벗어나지 못하는 것은 성공의 기회를 놓치는 것과 다름없다.

흔한 가족드라마를 보면 많은 아버지, 어머니들이 한창 자라나는 자식들에게 이렇게 말한다.

"나는 우리 가족을 위해 최선을 다해 성실하게 살았단다. 하지만 너는 이 애비처럼 살지 말거라."

결코 드라마에만 나오는 이야기가 아니다. 뼈와 살을 깎아 가족을 부양했던 우리 부모님들을 떠올려보자. 평생에 걸쳐 노력했음에도 크게 나은 삶을 만들지 못한 경우가 많다. 그렇다면 그분들의 성실함이 부족했던 걸까?

이제 우리는 인생은 불공평한 것이라는 점을 받아들여야 한다. 전체 인구 중 크게 성공한 사람들은 많게 잡아도 10% 정도며, 나머지 90%는 평범하거나 평범 이하의 삶을 살아간다. 이때 대부분은 그 10%를 운이 좋았다고 말한다면, 현명한 사람들은 다르게 질문한다.

'그렇다면 이 10%는 과연 어떤 방법으로 성공한 것일까? 과연 나는 성공한 사람들의 대열에 낄 준비가 되어 있는가?

아하, 그렇구나!

21세기 성공의 6가지 필수요소

21세에 백만장자가 되었고 20세기에 가장 큰돈을 벌었던 폴 게티는
21세기의 성공 요소로 다음과 같은 6가지를 꼽았다.

1. 자신만의 사업을 가져라.
2. 수요가 큰 제품을 공급하라.
3. 제품에 보장 제도를 채택하라.
4. 경쟁자보다 나은 서비스를 제공하라.
5. 열심히 일하는 사람을 보상하라.
6. 다른 사람의 성공을 도와줌으로써 나의 성공을 도모하라.

4) 내 현실을 돌아보자

　혹자는 세상을 알려면, 우선 자기 자신을 알아야 한다고 말한다. 운명을 바꾸는 힘은 결국 나 자신에게서 나오기 때문이다. 앞서 근거 없는 낙관주의가 아닌 합리적 낙관주의를 갖기 위해서는 현재 자신의 상태와 가능성을 꼼꼼하게 짚어봐야 할 필요가 있다. 다음은 그 바탕이 되는 자기 경제 진단서이다. 한 문항씩 살펴보고 솔직하게 답해보자.

자기진단 : 나는 사업을 하기에 적당한 사람인가?

① 사업을 하는 데 자본보다는 노력이 중요하다고 믿는가?
　: ㉠ 그렇다(　) ㉡ 보통이다(　) ㉢ 아니다(　)

② 돈에 대한 지식이 풍부하고 돈에 대한 분명한 정의가 있는 편인가?

: ㉠ 그렇다(   ) ㉡ 보통이다(   ) ㉢ 아니다(   )

③ 사업은 시대상황과 아이템의 결합이 중요하다고 생각하는가?
: ㉠ 그렇다(   ) ㉡ 보통이다(   ) ㉢ 아니다(   )

④ 위험이 오더라도 최선을 다하면 극복할 수 있다고 생각하는가?
: ㉠ 그렇다(   ) ㉡ 보통이다(   ) ㉢ 아니다(   )

⑤ 만일 지금부터 수입이 끊긴다면 앞으로 얼마나 버틸 수 있겠는가?
: (   ) 개월

⑥ 돈이란 무엇이고, 재산이란 무엇이며, 내 인생에 어떤 의미인지
정의를 내려보라.
:

⑦ 스스로 자신이 큰 부자가 될 수 있는 사람이라고 생각하는가?
: ㉠ 그렇다(   ) ㉡ 보통이다(   ) ㉢ 아니다(   )

⑧ 재테크 등 돈을 불리는 것에 관심을 두고 지속적으로 행하는가?
: ㉠ 그렇다(   ) ㉡ 보통이다(   ) ㉢ 아니다(   )

⑨ 돈을 버는 것과 쓰는 것에 대해, 그리고 돈이 얼마나 중요한지에 대해 어떤 생각을 가지고 있는지 적어보자.

:

⑩ 질문들을 살펴볼 때 당신의 지금 경제적 상황은 전체적으로 어느 정도인 것 같은가?

: ㉠ 괜찮다( ) ㉡ 보통이다( ) ㉢ 아니다( )

⑪ 자가진단을 마치고 난 뒤에 어떤 생각과 기분이 드는지 적어보자

:

할 수 있는 일을 해라

위의 자기진단은 어디까지나 시작을 위한 준비일 뿐이다. 현실을 알았다 해도, 거기서 깨달은 바를 실행하지 않는다면 아무 소용이 없다. 편견을 깬다는 것은 결과적으로 행동에서 비롯되는 것이며, 따라서 지금 할 수 있는 것을 찾아서 해야 한다.

주변을 둘러보면 뛰어난 능력으로 유명해지고 성공한 사람들

이 많다. 이 모두가 '나와는 상관없는 성공한 사람들의 이야기' 라는 생각이 들 수도 있다. 하지만 우리 삶은 무덤에 들어가는 날까지 예측 불가능의 연속이다. 하지만 그 예측 불가능함이 때로는 인간이 움직이고 개척하고 모험하게 만드는 힘과 추동력임을 잊어서는 안 된다.

아하, 그렇구나!

버려야 할 부자에 대한 선입견은 무엇?

1) 학벌이 좋아야 부자가 된다.

2) 안정적인 직장을 들어가야 부자가 된다.

3) 본래 부자 집안에 태어난 이들이 부자가 된다.

4) 열심히 일하는 것보다는 대박을 맞아야 부자가 된다.

5) 자본금을 많이 투자해야 큰 사업을 할 수 있다.

6) 펀드나 주식 등 금융투자만으로 큰 돈을 벌 수 있다.

7) 아끼고 저축하면 부자가 된다.

8) 부자와 가난한 사람은 타고난 운명이 다르다.

9) 부자들은 돈이 되는 정보를 절대 나누지 않는다.

10) 좋은 사업기회는 혼자만 알고 있어야 한다.

2장

더 나은 세상을
위한 안내서

1) 인터넷을 통해 **돈의** 흐름도 **바뀌고** 있다

세상에 돈 버는 방법은 많다. 월급을 모아 저축을 할 수도 있고, 다른 투자 방법을 찾을 수도 있다. 아니면 자영업을 하거나 사업을 할 수도 있다. 그러나 앞서 설명했듯이 가장 중요한 것은 '돈을 번다'는 행위 자체가 아니라, 그 돈을 '어떤 방식으로 어떻게 버는가'이다.

그렇다면 이 시대가 요구하는 가장 안정적이고 수익성 높은 사업의 비밀은 어디에 있는 걸까? 앞서도 살펴봤듯이 21세기의 가장 큰 화두로 여겨지고 있는 인터넷과 네트워크의 발전에서 그 답을 찾아야 한다.

인터넷이라는 새로운 기회

인터넷이 1991년에 대중화되기 시작한 후 2015년 전 세계에서 인터넷을 사용하고 있는 인구는 약 30억 명으로 추산되고 있다. 전 세계 70억 명 인구 중에 거의 절반이 인터넷을 사용하는 셈이다. 이는 과거 5년간 2배로 성장한 결과로서, 이 사실은 앞으로도 계속해서 인터넷 환경이 급속도로 이루어질 것임을 보여준다.

나아가 인터넷 기반 환경은 우리 소비 환경까지 뒤바꾸어 놓았다. 온라인 쇼핑협회에 따르면 인터넷 쇼핑몰 시장 규모는 99년 1,200억 원에서 지난 2005년에는 10조 원, 2008년에는 18조 원, 그리고 2013년에는 약 100조 3,000억원의 시장을 형성했다.

이는 이미 인터넷에 엄청난 돈의 흐름이 형성되고 있음을 보여준다. 나아가 어떤 이들은 이 기회를 놓치지 않고 이 안에서 새로운 기회를 찾아가고 있다. 인터넷을 단순히 정보를 얻는 장으로 인식하지 않고, 인터넷의 힘을 이용해 새로운 네트워크를 구축하고 기업과 직접적으로 소통하며 적극적인 사업가로 변신하고 있는 것이다.

자동차 왕이라고 불렸던 헨리 포드를 생각해보자. 그는 오직 부유층만이 차를 소유했던 시대에 자동화 시스템을 도입해 단가를 낮춤으로서 자동차를 평범한 사람에게 공급해주고, 그 자신도 막대한 부를 얻었다. 디지털 경제를 기반으로 한 네트워크 비즈니스 역시 헨리 포드의 자동화 시스템과 마찬가지로 지금껏 몰랐던 새로운 세계로 여러분을 안내해줄 절호의 기회를 주었다. 매일 생활처럼 사용하는 인터넷과 소비재들, 이것만으로도 부담 없는 1인 네트워크 사업이 가능해진 것이다.

인터넷에 형성된 부의 흐름

인터넷을 통한 사업의 성장 가능성은 무궁무진하다. 부동산 투자가 무너지고 주식이 휴지조각이 되어도 인터넷 세상은 결코 멈추지 않고 더 넓어진다. 심지어 국적이나 국경도 없이 널리 시장이 형성되고 사람들이 소통한다.

최근 큰 주목을 받고 있는 '페이스북'을 보라. 세계 각국의 회원들이 몰려드는 이곳에 얼마나 엄청난 부가가치가 생겨나고 있는지 상상할 수 있겠는가?

우리나라는 인터넷과 관련된 기기와 장비에서 최고로 우수한 기술을 자랑하고 있다. 현재 한국의 디지털 파워는 국내는 물론 세계의 문화와 예술, 정보의 교류, 더 나아가 지식 산업과 정치까지 그 영향력이 닿지 않는 곳이 없다. 심지어 한류 물결도 큰 부분을 인터넷과 디지털 글로벌화에 기대고 있다.

그 중에서도 가장 큰 영향을 미치는 분야가 있다면 바로 경제다. 현재 인터넷을 기반으로 한 수많은 수익 시스템들과 사이트들, 콘텐츠 등 이동통신유치 관련 신종 산업들이 크게 각광받고 있는 것만 봐도 잘 알 수 있는 사실이다. 잘 갖춰진 통신 인프라들을 바탕으로 하나의 거대한 '디지털 경제'가 형성되고 있는 것이다.

다시 말해 앞으로는 인터넷상에 형성된 엄청난 돈의 흐름을 잘 이용하는 사람과 그렇지 않은 사람 사이에 부의 차이가 생겨날 수밖에 없는 만큼, 한 걸음 먼저 새로운 사업에 도전하여 미래를 준비할 필요가 있다.

아하, 그렇구나!

국민 3명 중 1명은 모바일 쇼핑을 즐긴다

대한상공회의소에 따르면 2012년 9월 평균 모바일 쇼핑 애플리케이션 (이하 앱) 이용자 수는 1100만 명으로 2011년 4월보다 137% 가량 증가한 것으로 나타났다. 스마트폰 사용자 3명 중 1명이 모바일 쇼핑을 이용하고 있는 것이다.

이에 따라 오픈마켓을 비롯해 백화점, 대형마트, 소셜커머스, 홈쇼핑 등의 유통업체들은 모바일 쇼핑 앱을 잇따라 선보이고, 할인 혜택과 결제 과정을 간편화하는 등 모바일 쇼핑 시장에서 경쟁력을 확보하기 위해 총력을 기울이고 있다.

또한 앞으로 모바일쇼핑에 점점 더 스마트한 기능이 추가되면 앞으로 유통업계의 패러다임도 달라질 수밖에 없다.

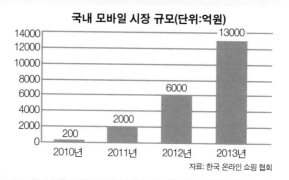

국내 모바일 시장 규모(단위:억원)

자료: 한국 온라인 쇼핑 협회

이 같은 성장은 또 하나의 효과를 가져왔다. 매해 증가는 막대한 수익이 그것이다. 한국온라인쇼핑협회는 2013년 모바일 쇼핑의 시장 규모를 약 1조3000억 원이라고 설명했다. 지난해 모바일 쇼핑을 통한 거래액 추정치가 6000억원인 것을 감안하면 전년 대비 약 50% 정도 증가한 셈이다.

여기서 중요한 것은 앞으로 이런 추세가 계속해서 증가할 것이라는 점이다. 스마트폰이 우리 삶과 친숙해질수록 모바일 쇼핑 문화의 확대가 필연적으로 따라오기 때문이다.

2) 디지털로 시작해 디지털로 끝나는 세상이다

주변을 둘러보라. 지하철에 앉아 있다면 예전과 다른 풍경 하나를 보게 될 것이다. 자신의 스마트 폰에 집중하고 있는 사람들의 모습이다. 신문을 접어 힘겹게 읽는 모습은 완전히 사라지고 그 자리를 스마트폰이 대체했다. 뿐만이 아니다. 낯선 곳에서 식당을 찾기 위해 두리번거리는 대신 스마트폰의 지도에서 주변 맛집 위치를 정확하게 검색하기도 한다.

불과 10년 전만 해도 스마트 폰의 보급률은 지금 같지 않았을 뿐더러, 그 기능도 복잡하고 다양하지 않았다. 핸드폰 본연의 기능인 통화 기능이 우선시되는 기기들이 대부분이었다. 그러나 지금은 어떤가?

대부분의 사람들이 스마트 기기에 생활 대부분을 의존하면서 스마트 폰이 없으면 생활에 불편이 생길 정도로 스마트 폰은 우리 삶 가까이 와 있다. 최근에 등장한 스마트 폰은 단순히 통화를 위한 것이 아니다. 스마트 폰의 기능 중에 통화 기능이 차지하는 비중은 약 30%에 불과하다. 현재 스마트 폰의 진화는 눈부신 발전을 거듭해 다양한 사회·문화적 편익을 제공하는 '종합문화 서비스 플랫폼'으로서 정보습득, 업무수행, 사회적 관계 형성, 여가활용 등을 가능하게 하는 '스마트 라이프(Life)' 혁명의 원동력이 되고 있다.

디지털이 가져온 새로운 기회

현재 세상을 놀라게 하고 있는 열정과 창조의 신화 애플사의 스티브 잡스, 페이스북의 창업자인 마크 주커버그 등의 놀라운 사업 확장을 보라.

이들은 물리적 투자에서 벗어나 인터넷 공간에 대한 새로운 개념을 창조하고, 그 안에서 가늠할 수 없는 크기의 부가가치들을 생산하는 데 성공한 사람들이다.

특히 마크 주커버그는 인터넷 네트워크를 통해 전 세계를 하나로 묶고, 이를 세계적인 시장으로 확대해간 대표적인 디지털 시대의 성공 사례다. 그는 스마트폰이 우리의 생활방식, 삶의 여건과 산업을 변혁시키고 있음을 빨리 깨닫고 그 안에서 새로운 사업의 장을 마련했고, 그의 성공은 앞으로 돈의 흐름이 글로벌 네트워크를 토대로 형성될 것이라는 점을 보여준다.

비단 세계적인 유명 인사들뿐일까. 일반인들도 최근 인터넷이라는 황금알을 바탕으로 새로운 사업에 도전하고 있다. 과거에도 특정한 기술 발전이 새로운 부를 창조하기도 하고, 반대로 가난한 사람들을 만들어내기도 했듯이, 이제는 디지털 네트워크를 알아야만 어떤 사업에서도 성공할 수 있는 것이다.

실로 빛의 속도로 변하는 지식정보화 시대를 살아가는 개인과 기업들은 변화하는 여건에 신속히 대응하지 않으면 도태될 수밖에 없다.

과거 산업혁명을 기억하는가? 첨단화된 기계가 발견되어 공산품 대량화 공장 모델이 가능해지면서 수많은 노동자들이 실업자로 전락하는가 하면, 반대로 그 공장식 모델로 막대한 부를 쌓은 사람도 있었다. 마찬가지로 현재 진행되고 있는 디지털 혁명은 과거 산업혁명이 가져왔던 놀라운 변화와 마찬가지로 돈의 흐름을 뒤바꾸어놓는 중요한 계기가 되고 있다.

디지털 의식구조를 가져라

시대가 인간의 의식구조를 만든다는 점에서, 디지털 세상의 도래는 우리의 경제 의식에도 상당한 변화를 몰고올 수밖에 없다. 한 예로 지금은 인터넷과 네트워크를 이용하면 일반인도 얼마든지 국내와 외국을 대상으로 사업을 할 수 있다. 즉 과거에는 불가능했던 일들이 가능해지고, 따라서 여기에 도전하려는 사람들도 늘어날 수밖에 없는 것이다.

불과 50~60년 전만 해도 많은 이들이 금고에 돈을 보관했다. 그것만 가득 채워져 있어도 부자 대접을 받았다. 하지만 이제 은행 자산은 아날로그적 경제 사고의 산물로 여겨진다.

그뿐일까? 반대로 요즘은 정보나 아이디어가 탄탄하게 잘 구축된 사업 시스템도 하나의 자산으로 인정받는다. 눈에 보이는 유형 자산만 대접하던 시대는 가고, 오히려 눈에 보이지 않는 무형 자산이 더 가치 있는 것으로 여겨지는 새로운 시대가 열린 것이다.

백만장자 연구가로 유명한 토머스 스탠리 박사도 백만장자들의 특징을 4가지로 정리한 바 있다. 부자가 되려면 부자가 될 수 있는 자신만의 경쟁우위를 가져야 하는데, 그가 제시한 경쟁우위의 원천은 우리가 일반적으로 알고 있는 돈과 지식, 그리고 정보와 네트워크였다. 그가 제시한 내용은 다음과 같다.

첫째, 돈이 있는 사람이 부자가 될 수 있다. '돈이 돈을 번다'는 경제논리가 말해주듯이 돈이 있어야 투자도 할 수 있고 사업도 할 수 있는 것입니다. 그러나 여기에는 문제가 하나 있습니다.

그런 투자나 사업이 반드시 잘된다는 보장은 없기 때문입니다.

둘째, 지식이 있는 사람이 부자가 될 수 있다. 컴퓨터 운영체제인 윈도우 시리즈하나로 세계최고의 부호가 된 빌 게이츠 등은 부자 되는 데 있어 지식의 위력을 보여주는 좋은 사례입니다. 또한 주식이나 부동산을 공부하여 그리 많지 않은 종자돈을 갖고도 상당한 부를 쌓을 수 있습니다. 그러나 이런 지식들은 자신들의 생업을 포기할 정도로 한 분야에 올인 하여 치열하게 공부해야만 쌓을 수 있는 것입니다.

셋째, 정보 수집과 활용을 잘하는 사람이 부자가 될 수 있다. 남보다 앞서 좋은 사업 정보를 얻는다면 미리 그것에 도전해 큰 이익을 얻을 수 있습니다. 또한 미래의 트렌드 흐름과 소비 성향의 변화 등에 관한 정보를 신속하게 얻을 수 있다면 이것을 실전에 활용하여 상당한 이익을 누릴 수 있습니다. 그리고 이것은 현재 진행되고 있는 정보화 사회에 걸맞은 성공 방법입니다.

넷째, 강력한 네트워크를 갖고 있는 사람이 부자가 될 수 있다. 서로 성공과 지식, 정보를 나눌 수 있는 사람을 네트워크로 묶어 활용할 수 있다면 그런 돈과 지식과 정보를 통해 새로운 파이프라인을 창출할 수 있고 네트워크에 참여하는 사람들은 기여도에 따라 보상을 받을 수 있습니다.

　사실상 여기서 첫 번째와 두 번째는 누구나 갖출 수 있는 조건은 아니다. 하지만 낙담할 필요는 없다. 성공한 사람들 중에 많은 수가 위의 조건 중에 정보와 네트워크의 힘을 이용해 부자가 되었기 때문이다. 뜻이 맞는 동업자를 구하고 함께 고난의 시기를 견디면서 로열티 네트워크가 형성되며 고소득을 올릴 기반을 마련한 것이다.

　이제 부유함에 대한 기준과 인식이 달라진 만큼 우리도 정보의 바다에 떠돌아다니는 아이디어, 차별화된 서비스 등을 하나의 자산으로 여겨 성공의 기회를 찾아야 한다.

　부의 개념이 이동하는 시대에는 새로운 사업 기회도 많아지고, 그것에 도전하는 사람들도 늘어나게 마련이다. 이런 상황에서 우리는 더 많은 정보들에 귀 기울이고 커다란 시대의 흐름에 맞는 사업을 찾아야 한다.

　그렇다면 앞서 설명한 정보통신의 발달 속에서 과연 우리가 해볼 수 있는 일은 없을까?

정보사회의 최고가 되는 법

값진 정보는 우리의 삶을 바꾸지만, 잘못된 정보는 오히려 나쁜 결과를 양산한다. 다음은 정보 전쟁 시대라고 해도 과언이 아닐 현대를 살아나가는 데 필요한 관찰과 분석에 대한 예이다.

관찰 : 입체적으로 관찰

세상을 내다보려면 종합적인 안목이 필요하다. 눈앞에서 전개되고 있는 모든 현상이 어떤 관계와 방향성을 지니고 있고, 잠재적인 요소는 무엇인가 물밑까지 살펴봐야 한다. 이는 정치, 경제, 국제관계는 물론 상품 기획, 인간관계 등 모두를 포함하는 것이며, 이 시스템들 사이의 균형을 유지하는 데 필수적인 요소다.

분석 : 종합적으로 분석

단발적인 개념 이해는 오히려 잘못된 편견을 낳는다. 현실로 입증된 예는 물론 장기적인 관점에서 분석하고, 하나의 현상을 잘 구분지어 바라보는 분석력이 필요하다. 이를 위해서는 어떤 것에든 합리적이고 비판적인 의식을 갖고 접근할 필요가 있다.

입수 : 증명된 것을 받아들이기

앞을 내다보는 안목을 기르고 난 뒤에는 올바른 정보를 정확히 받아들이는 선별력이 필요하다. 잘못된 정보로 인해 피해를 보고 나서야 "그때 저렇게 했으면 좋았을 텐데!" 라고 후회하는 것은 아무 소용이 없다. 주변을 침착하게 관찰하고, 실제적으로 증명된 사례들에 사실과 직관의 힘을 모두 발휘하는 것은 아주 중요한 일이다. 이는 평상시의 끊임없는 노력과 주의력만 집중시킨다면 충분히 가능한 일이다.

적용 : 실행해 보고 입증하기

습득한 정보를 가장 확실하게 현실화 시키는 방법은 직접 자신이 실행해보는 것이다.
백번 보고 듣는 것 보다 직접 몸으로 행해보는 것이 훨씬 더 큰 경험을 쌓는 길이 된다.
또한 정보는 나눌수록 부가가치가 커지는 만큼 실행을 통해 입증된 정보는 더 많은 사람들과 나누어야 한다.

3) 인터넷 시대에 꼭 맞는 네트워크 비즈니스에 대해 알아보자

소비자는 언제나 좋은 물건을 싸게 구매하고 싶어 한다. 소비가 제 2의 경제인만큼 인지상정이다. 이런 소비자들의 욕구에 발맞추어 최근에는 "제 값 주고 물건 사는 것은 바보"라는 말처럼 인터넷 구매를 통해 같은 물건도 싸게 살 수 있게 되었다. 바로 여기에 이 시대의 새로운 비즈니스의 기회가 있다. 비싸고 불필요하게 지출됐던 비용을 다시 내 호주머니로 되돌려 받아 수익을 얻는 구조를 광범위한 네트워크로 구축하는 사람들이 많아지고 있다.

유통비와 마케팅비용을 아는가?

자본주의 사회에서는 매일 매일 소비를 해야 한다. 매일 먹는 음식, 매일 입는 옷, 매일 쓰게 되는 생활용품 등 화폐가 닿지 않는 곳이 없으니 모든 활동이 소비의 연장이다. 통계에 의하면 우리가 받는 월급의 약 70% 이상은 매달 필요한 필수품 등의 재화를 사들이는 데 쓰이고 있다.

그렇다면 우리가 사들이는 물건 값은 과연 어디로 흘러갈까? 대부분은 어떤 물건을 살 때 의심 없이 가격 그대로 지불하고 영수증을 끊어온다. 그러나 여기에 물건 값 외에 지불하는 비용이 또 있다는 것을 아는가? 바로 유통비와 마케팅 비용이다.

지난 시대에는 판매자가 생산한 물건이 소비자에게 다다르기까지 대략 생산자 → 공급자 → 도매상 → 소매상 → 소비자의 과정을 거쳤다. 게다가 대량의 마케팅 비용까지 덧붙으면서 물건 값은 생산 비용의 몇 배로 치솟았다. 즉 소비자들은 여러 단계의 유통 비용과 마케팅 비용까지 지불하면서 값싼 물건을 비싸게 사들일 수밖에 없었다.

이제 시대는 달라졌다. 21세기를 흔히 '인터넷을 통해 형성된 네트워크 혁명'의 시대라고 부른다. 이런 상황에서 인터넷 쇼핑몰의 매출도 엄청난 속도로 약진하면서 소비 흐름에 다음과 같은 변화를 몰고 왔다.

첫째, 인터넷에서 클릭 한번으로 물건 구매가 가능해지면서 치열한 가격 경쟁이 시작되었다.

둘째, 인터넷을 기반으로 한 회원제 마케팅 기업들이 탄생됐다.

즉 이제 소비자들도 열린 공간 속에서 대기업의 횡포에 좌지우지하지 않고 좋은 물건을 싼 가격으로 구입할 수 있게 되었다. 또한 인터넷이나 인적 네트워크를 통한 직거래가 활발해지면서 마케팅과 유통비를 남기지 않는 정직한 상품들이 다수 등장했다. 인터넷과 회원제 네트워크를 이용해 얼마든지 질 좋은 물건을 싸게 구입함으로써 그간 마케팅과 유통에 지불했던 불필요한 지출을 줄일 수 있는 시대가 된 것이다.

뿐만이 아니다. 이 두 가지 변화는 돈의 흐름과 긴밀한 새로운 사업 기회를 우리에게 남겨놓았다. 단순히 소비자의 자리에 머물지 않고 스스로가 사업자가 되어 자본이 많이 드는 점포를 차리는 대신 인터넷상에 자기 상품을 마케팅 하는 거대한 장이 형성된 것이다.

디지털 소비자의 탄생

디지털 소비자란 인터넷 네트워크를 통해 물건을 구매하되, 이로부터 더 많은 이득, 심지어는 '자산 형성 비즈니스' 기회까지 얻는 21세기형 소비자를 뜻한다. 가게 주인에게 점포가 중요하듯이, 이들에게는 인터넷이 매우 중요한 기반이 된다. 이들은 인터넷을 통해 정보를 얻고 네트워크 조직을 구축하여 기업의 상품에 자신의 영향력을 행사하고, 때로는 유통자로 변신해 활발하게 상품을 전하는 1인 비즈니스를 펼친다. 단순히 인터넷으로 물건만 구입하는 게 아니라 유통까지 관여하는 것이다.

이 디지털 소비자는 프로슈머, 아이덴슈머, 크리슈머 등 다양한 이름으로 불려왔는데, 다음의 정의를 살펴보면 디지털 소비자가 무엇이고 이들의 역할은 무엇인지 자세하게 이해할 수 있을 것이다.

▶ **프로슈머(prosumer)** : 'producer+consumer'로 생산소비자(또는 생산적 소비자)란 뜻으로 참여소비자라고도 불린다. 미래학자 앨빈 토플러(Alvin Toffler)가 1979년에 출간한 『제3의 물결』에서 소개한 개념으로, 생산과 소비가 완벽하게 분리되는 것이 아니라 소비자가 제품개발과 관련된 제안을 적극적으로 하는 등 둘 사이의 부분적인 결합이 나타나는 현상을 가리킨다. 특히 인터넷이 기폭제가 되었다.

▶ **크리슈머(Creasumer)** : 창조적 소비자(Creative+Consumer)를 뜻하는 개념이다. 요즘의 소비자들은 단순히 물건을 사는데(컨슈머) 그치지 않고, 상품 제작에 직 · 간접적으로 참여하며(프로슈머), 동시에 기업들도 소비자가 직접 도안하고

제작(크리슈머)한 작품을 신상품으로 만들고 있다. 고객 모니터링 등 기업·소비자 간 쌍방향 마케팅이 갈수록 확산되면서 나타난 개념이다.

▶ **아이덴슈머(idensumer)** : 정체성을 뜻하는 아이덴티티 (identity)와 소비자(consumer)를 결합한 단어로 똑같은 상품이나 서비스를 이용하는 사람들이 동질감을 느끼는 소비자를 말한다. 소비자는 같은 제품을 사용하는 사람들끼리 정보를 공유하고 기업은 이들의 의견을 적극적으로 받아들인다. 아이덴슈머 마케팅은 브랜드 마케팅이나 프로슈머 마케팅에서 한 발 더 진화한 것으로서 동질감을 느낄 수 있는 문화코드를 통해 가입자의 응집력이 높아지는 현상을 불러왔다.

▶ **기타** : 주부 시각에서 상품을 평가하고 홍보하는 마담슈머 (madam+consumer), 직접 제품을 사용한 뒤 적극적인 홍보맨이 되는 트라이슈머(try+consumer), 소비자 개인의 만족뿐 아니라 사회 전체의 혜택을 위해 의견을 제시하는 소비자인 소셜슈머(socialsumer), 전시회의 큐레이터처럼 스스로 삶을 꾸미고 연출하는 데 능숙한 소비자인 큐레이슈머(curasumer), 평범한 제품에 변화를 더해 새로운 제품으로 진화시키려는 소비자인

메타슈머(metasumer), 스포츠 관전과 참여에 깊은 관심을 가지고 있는 소비자인 스포슈머(sposumer), 뷰티 관련 제품이나 서비스를 효율적으로 구매하는 보테슈머(beautesumer), 다른 사람의 사용 후기를 참조해 상품을 구입하는 트윈슈머(twinsumer) 등이 있다.

다시 말해 21세기 정보통신과 네트워크 사회에서는 판매자는 판매자, 소비자는 소비자라고 정확히 규정되지 않는다. 오히려 기업과 소비자가 협력하고 그 안에서 함께 이익을 얻고 발전하는 윈-윈(Win-Win)의 소통 방식이 이뤄진다. 나아가 이런 물결을 타고 생겨난 새로운 사업이 있다. 바로 네트워크 비즈니스다.

네트워크 비즈니스는 점포 없이 직거래에 가까운 가격으로 물건을 구매하여 산다. 인터넷 공간을 이용하고, 인터넷과 오프라인에서 구축한 인적 네트워크에 기업의 상품을 유통케함으로써 생산 기업의 마케팅과 유통 마진을 내 몫으로 가져오는 것이다.

그렇다면 이 네트워크 비즈니스는 어떤 과정으로 발전했을까?

왜 네트워크 비즈니스인가?

최근 네트워크 비즈니스에 대한 관심이 높아지면서 네트워크 비즈니스를 기업 마케팅에 적용한 기업들이 속속 생겨나고 있다. 그중 KT와 LG 등 유수의 대기업들이다. 이는 2000년대 들어 불법 피라미드로 인해 실추되었던 이미지와는 별개로 네트워크 비즈니스가 가진 장점들이 나날이 부각되고 있기 때문이다. 경쟁이 치열한 시장에서 기업들이 네트워크 비즈니스로 새로운 활로를 찾고자 하는 이유는 다음과 같다.

1. 마케팅 비용에 대한 위험 부담 최소화에 있다

: 기업의 제품 출시 비용 중에 가장 큰 부분을 차지하는 것이 광고비다. 많은 기업들이 상품이 시장에서 성공하든 실패하든 무조건적으로 광고비를 지출한다. 그러나 네트워크 비즈니스에는 이 광고가 필요 없다. 상품의 정보가 소비자이자 유통 사업자를 통해 전달되고, 상품이 팔리지 않으면 이들에게 비용을 지급할 필요가 없기 때문이다.

2. 판매 수익 증가에 있다

: 네트워크 비즈니스는 인적 네트워크와 인터넷 네트워크를 통해 소비자 직접 유통 방식을 차용하는 만큼 중간 단계 비용이 들어가지 않는다. 결과적으로 중간상이나 광고, 프로모션에 들어가던 비용으로 이익

분배를 해도 기업은 더 많은 이윤을 창출할 수 있다.

3. 충성고객 유치에 있다

: 네트워크 비즈니스를 통해 유치한 고객들은 단순 소비자가 아니라 애용하는 상품을 다른 사람들에게까지 전달 할 수 있기 때문이다. 따라서 네트워크 비즈니스는 기업으로서는 장기적 고객 유지에 가장 효과적인 판매 방식이다.

4. 무제한 사이버 공간 활용이 가능하기 때문이다

: 네트워크 비즈니스는 오프라인에서도 이루어지지만 온라인이 크게 보급되면서 지역의 제한 없이 충성 고객을 만드는 것이 가능하기 때문이다. 또한 이런 공간을 통해 물리적 상품 이상의 고급 정보를 전하면서 기업의 인지도를 높이고 더 많은 사업자들을 모집할 수 있다.

5. 고객과 회사의 원원에 있다

: 소비자 입장에서 좋은 품질의 상품은 만족감을 안겨준다. 거기에서 이득까지 얻을 수 있다면 금상첨화다. 또한 회사를 통해 자세한 소비정보를 얻을 수 있고 회사는 보다 품질 높은 상품을 개발하고 공급하는데만 최선을 다 하게 된다. 즉 소비자, 기업, 서비스 제공자들 모두 원, 원, 원 (win-win-win)하는 구도를 만들 수 있다.

마지막으로 네트워크 비즈니스는 기업들에게만 이득을 안겨주는 것이 아니다. 사업이란 많은 자본이 필요하다고 생각하는 한국인들에게 네트워크 비즈니스는 일종의 인식 전환을 가져왔다. 시대적인 사업은 자본과 비례하지 않으며, 적은 자본으로도 일정 상품을 구입하고 그것을 주변 사람에게 권하는 것만으로도 고정적인 수입을 얻을 수 있는 만큼 네트워크 비즈니스야말로 생활과 가까운 안정적인 사업이라는 인식이 커졌다.

이는 커다란 인식의 전환인데, 보통 한국사람들은 사업을 하려면 큰 자본을 들여 점포를 차리는 것이 일반적이었다. 현재 점포를 가진 자영업자들의 급속한 몰락도 심각한 경제불황과 더불어 사업에 대한 잘못된 인식이 널리 퍼진 결과다.

이 상황에서 네트워크 비즈니스는 리스크가 적은 소자본으로도 얼마든지 안정적인 사업을 꾸려갈 수 있음을 증명함으로써, 자본 투자를 꺼려하는 불황기의 사업가들에게 새로운 비전을 제시하고 있다.

4) 네트워크 비즈니스로 **2억 연봉을** 꿈꿀 수 있다

　그렇다면 과연 네트워크 비즈니스로 큰 수익을 얻을 수 있을까? 언뜻 시작하기 쉬운 만큼 수익도 지나치게 적지는 않을까 생각될 것이다. 보통 직장인이 연봉 1억을 받으려면 어떤가? 대기업의 임원이 아니면 불가능하다. 반면, 전문직은 조금 다르다. 한 분야에서 전문적인 기술을 쌓은 베테랑들은 자신의 경험을 통해 높은 가치를 부여받는다. 실로 전문직들 중에는 연봉 1억을 넘게 받는 사람들이 적지 않다.

　네트워크 비즈니스도 다르지 않다. 네트워크 비즈니스는 네트워크 시스템을 통해 회원을 구축함으로써 수익을 얻는 것이다. 따라서 노하우와 경험이 쌓일수록 더 많은 수익을 얻게 된다. 나아가 학벌과 연령, 성별의 장벽이 없으므로 수많은 사람들이 네트워크 사업자로서 새로운 삶을 꿈꾸며 2억 연봉에 도전하고 있다. 더 자세한 2억 플랜은 이 책의 6장 연봉 2억을 벌기 위한 액션플랜에 있다. 네트워크 비즈니스를 시작하기 전 상기의 사항들을 꼼꼼히 체크 해야만 실패를 줄일 수 있다.

네트워크 비즈니스의 혁신성

사업의 성패를 결정하는 가장 결정적인 것은 어떤 사업을 선택하는 것인만큼 반드시 다음과 같은 점을 고려해야 한다.

● **가치성 : 내가 하려는 사업 아이템은 얼마나 가치 있는가?**

: 아이템을 잘 잡으면 자본도 적게 들고, 순조롭게 사업을 꾸릴 수 있다. 여기서 중요한 것은 그 아이템이 얼마나 큰 가치를 가지는가다. 네트워크 비즈니스는 무한대의 시장을 가진 최고의 블루오션으로서 생활 속에서 소비되는 제품군 위주로 소비되는 만큼 일정한 네트워크를 형성한 뒤에는 꾸준한 수입을 얻을 수 있다.

● **안정성 : 리스크 없이 얼마나 안정적으로 할 수 있는가?**

: 흔히 사업은 많은 자본금이 필요하다고 생각한다. 물론 큰 자본으로 큰 수익을 거둬들이는 사업도 있지만, 이 경우는 사업이 실패할 경우 엄청난 리스크를 떠안게 된다.

1인 창업에 어울리는 사업은 무자본에서 경험 없이도 시작해 최고의 수익에 도전해볼 수 있는 사업이 적합하다. 자본이 거의 들지 않고 리스크도 적고, 제품군 자체가 인적 네트워크와 입소문을 통해 소비되는 수익을 얻을 수 있는 사업이면 안전할 것이다. 사업 아이템 선택 시에는 엄청난 사업이 반드시 자본과 비례하지 않는다는 점을 기억하자.

● 성장성 : 시대의 흐름과 함께 꾸준히 성장할 수 있는가?

: 사업은 기본적으로 호황과 불황이 있다. 따라서 아이템을 선정할 때는 시대의 흐름 속에서 블루오션을 찾는 것이 빠른 성공의 지름길이다. 『부자 아빠 가난한 아빠』의 저자인 로버트 기요사키는 성공하는 사업에는 시스템의 원칙이 필요하다고 말한다. 어떤 성공도 결코 우연적으로 이루어지지 않으며, 합리적인 단계를 밟아 올라가야 한다는 것이다. 네트워크 비즈니스는 시스템을 통해 개인과 가치의 성장을 도모할 수 있는 사업 아이템으로서 노력만 하면 꾸준한 성장이 가능하다.

● 수익성 : 얼마나 지속적인 수익을 낼 수 있는가?

: 수익성은 사업 선택에 가장 중요한 요건이다. 그 사업으로 얼마의 돈을 투자해 얼마나 많은 이익을 얻을 수 있을지를 계산해봐야 한다. 많은 자본이 드는데 수익은 안정적으로 유지되지

않는다면 그 사업은 실패한 사업이 다름없다. 단기적으로는 돈이 들어오다가 장기로 갈수록 수익이 줄어드는 사업도 있기 때문이다. 그런 면에서 가장 수익성이 높은 사업이란 단번에 많은 돈을 투자해 위험을 감안하며 큰 수익을 걷는 사업보다는, 적은 자본으로 꾸준한 수입을 얻을 수 있는 사업일 수 있다. 사업 아이템이 현대사회의 소비 생활과 밀접한 관련을 가질수록 잦은 구매와 더불어 사업자에게는 꾸준한 수입이 들어와야 한다.

시대와 함께 성장하는 사업

아무리 네트워크 비즈니스라고 해도, 시작부터 2억을 버는 것은 불가능하다. 그러나 네트워크 시스템에는 하나의 특징이 있다. 일단 여러 인적 네트워크를 구축하여 그룹 시스템을 갖춰놓으면 이것이 무한대로 복제되어 큰 시장을 이룬다는 점이다. 그런 면에서 네트워크 비즈니스는 시스템이 자생력을 가지고 확대될 때까지 투자하는 시간과 노력이 관건이다.

이제 네트워크 비즈니스는 피할 수 없는 대세다. 현대사회는 필연적으로 소비사회이며, 상품을 공급하는 기업들도 최대한 광범위한 마케팅으로 유통비를 줄이고 충성 고객을 얻기 위해 노력하고 있다. 이처럼 네트워크 비즈니스에 도전해 성공과 부를 얻은 기업이나 사업자들은 이 같은 상품 공급과 소비 트렌드의 변화에 민감하게 반응한 것이다. 또한 앞으로 현대사회를 살아가면서 기업과 소비자가 윈윈하는 소비 형태가 더욱 더 성장하고 지속될 것이다. 다음 장에서는 더 자세하게 우리에게 찾아온 위기의 원인들에 대해 알아봅시다.

아하, 그렇구나!

네트워크 비즈니스의 8가지 가치성

1) 삶을 변화시키는 교육 시스템을 갖고 있다.
2) 직업을 바꾸는 것 이상의 의미를 지닌다.
3) 적은 비용으로 사업을 구축할 수 있다.
4) 부자들이 투자하는 대상에 투자할 수 있다.
5) 꿈을 현실로 만들 수 있다.
6) 네트워크의 진정한 힘을 발휘한다.
7) 마음에 품고 있는 가치가 현실을 결정한다.
8) 리더십의 가치를 일깨워진다.

출처 : 로버트 기요사키 〈부자 아빠의 비즈니스 스쿨〉

3장

최후의 승자는
보는 눈이 남다르다

1) **열심히** 살아온 **끝**에 찾아온 위기들, 이젠 **벗어나자**

'워킹푸어(Working poor)' 란 일한다는 뜻의 'working' 과 가난한 사람이라는 뜻의 'poor' 가 합쳐진 신조어로, 우리 식으로 말하자면 매일같이 쉬지 않고 일하지만 아무리 시간이 흘러도 가난에서 벗어날 수 없는 근로빈곤층을 뜻한다. 이들은 꼬박꼬박 월급이 나오니 중산층 같지만, 고용도 불안하고 저축도 없어 실직하거나 병이 나면 곧바로 빈곤층으로 추락한다.

근로자의 3분의 1이 워킹푸어

남의 건물에서 조그만 가게를 꾸리는 자영업자, 박봉과 고용불안에 시달리는 비정규직, 밤마다 내일 일자리를 걱정하며 잠드는 임시직……. 밤낮을 전부 일해도 기본적인 생활비를 감당하지 못하는 이들, 이 모두가 워킹 푸어다.

현재, 상대적으로 복지정책이 잘 구축된 일본과 미국, 유럽까지 워킹푸어 문제가 심각하다. 특히 우리와 이웃한 일본의 경우, 2008년 기준으로 전체 임금근로자의 26.2퍼센트가 워킹푸어로 추산된 바 있다. 월급근로자의 3분의 1이 희망 없는 나날을 이어가고 있는 것이다. 더 큰 문제는 한번 워킹푸어의 나락에 떨어질 경우, 빈곤 탈출 가능성이 거의 희박하다는 점이다. 부유층들이 전력을 다해 자녀들을 교육시켜 다시 부유층으로 편입시키는 반면, 워킹푸어는 교육비 지출은 엄두도 내지 못한다. 어마어마한 사교육비를 자랑하는 한국 사회에서 부모의 조력 없이 오로지 아이 힘으로 명문대학을 가고 좋은 직장을 얻어 중산층으로 편입될 가능성은 매우 낮기 때문이다.

주택대출의 그림자, 하우스푸어

워킹푸어가 일을 해도 소득이 충분하지 않아 빈곤에 허덕이는 사람들을 뜻한다면, 하우스푸어는 집을 소유하고 있지만 주택 마련을 위한 무리한 대출로 인해 생긴 이자 부담과 원리금 상환 부담 등으로 빈곤의 나락으로 떨어진 사람들을 뜻한다.

금융위원회와 금융연구원이 발표한 자료에 따르면, 소득의 60%를 빚 갚는데 사용하는 하우스푸어는 57만 가구이고 이들이 금융권에 갚아야 할 돈은 150조 원에 이른다. 이 하우스푸어들은 기본적인 수입이 있어도 풍요로운 생활을 누릴 수 없다.

월급이 나와도 상당 부분이 대출금을 갚는 데 쓰여지고, 이자 막기에 급급해 다른 생활을 돌볼 여유가 없고, 삶의 질이 낮아지면서 빈곤층으로 전락하게 된다. 나아가 예전에는 노인과 장애인, 여성가구주 등이 전통적인 극빈층이었다면, 수많은 비정규직, 자영업자들 역시 워킹푸어나 하우스푸어 극빈층으로 전락하고 있다는 것도 문제다. 최근 극빈층 외에 차상위계층으로 분류된 가구 수가 꾸준히 증가하고 있는 것도 이런 현상을 반영한 결과다. 최근 진행된 한 설문조사에 의하면 우리나라 직장인의 74%는 자신을 가난하다고 생각하고 있었다. 아무리 일해도 부유해질 수 없는 것이 지금 우리의 현실인 것이다.

아하, 그렇구나!

렌트푸어(Rent poor)란?

급증하는 전셋값을 감당하는 데 소득의 대부분을 지출하느라 저축도 할 수 없고, 여유 없이 사는 사람들을 일컫는다. 집을 가지고 있음에도 대출이자 등으로 실질소득이 줄어 생활이 빈곤한 하우스푸어들의 전세판이라고 할 수 있다. 렌트푸어의 급증은 2010년 집값이 움직이지 않는 반면 전셋값은 급등하면서 좀 더 싼 전셋집을 찾는 데서 양산된 것이다. 또한 집주인이 전셋값 상승분을 월세로 돌리면서 반(半)전세가 늘고 있고, 비싼 전셋값 때문에 전셋집을 구하지 못하고 부모와 함께 사는 신캥거루족이 등장하는 등 전세난이 푸어 족들을 만들어내고 있다.

2) 왜 이런 **위기를** 겪고 사는가?

우리는 IMF와 외환위기를 지나면서 많은 어려움을 겪어왔다. 1998년 IMF 이후 닥쳐온 세계경제위기는 우리를 더 치열한 경쟁 속으로 떠밀어 넣었고, 기존의 부의 공식을 완전히 뒤바꿈으로서 새로운 혼란을 가져왔다. 이런 경제위기가 더 충격적인 것은, 누구도 그런 폭탄이 내가 있는 곳에서 터지리라고 예상하지 못했기 때문이다.

그렇다면 우리는 대체 왜 이런 위기 속에서 살아가게 되었는가? 미리 이런 위기를 알고 대비할 수는 없었던 것일까?

예측할 수 없는 미래라는 두려움

우리가 사는 세상은 예측 불가능한 곳이다. 경제위기도 마찬가지다. 산업혁명 이후로 인류는 번영의 시대를 누려왔다. 더 이상 보릿고개도 굶주림도 없는 시대가 다가오면서 더 이상은 경제적 빈곤으로 고통 받지 않을 것이라는 희망을 가질 수 있었다. 그러나 현실은 어떤가? 평범한 이들로서는 그 원인조차 알기 힘든 금융과 증시의 폭락으로 인해 문제의 진원지인 미국뿐만 아니라 전 세계가 경제 불황의 폭탄을 맞았다. 나아가 이런 불황의 고통을 지금껏 열심히 살아온 많은 이들에게 전가하고 있다.

앞서 설명한 청년 실업과 비정규직 문제, 나아가 자영업의 몰락과 빚더미에 앉은 소규모 기업들, 주식시장의 파산으로 알거지가 된 개미 투자자들, 이 모두가 이 예측할 수 없는 미래에 발목을 잡힌 것이다. 즉 안전한 길만을 택했던 것이 결과적으로는 불안한 미래를 가져오는 원인이 된 셈이다.

부의 흐름은 시대에 따라 다르다

과거를 돌아보자. 지금껏 평범한 사람들은 불안감에 대비하는 방식으로 최대한 빚을 지지 않고 검소하게 생활하면서 저축하는 방법을 택해왔다. 또한 괜찮은 투자처로 부동산을 택해 전 재산을 투자하는 무리한 방식을 택하기도 했다.

지금, 그 결과는 참혹하기만 하다. 아무리 아껴 저축해도 저축으로 줄어든 통화량을 감당하기 위해 더 많은 돈을 찍어내기 때문에 인플레이션이 오고, 부동산 경기는 차갑게 얼어붙어 주택 소유가 오히려 가난의 원인이 되어버렸다.

한편 시대가 변하면서 새로운 분야의 투자들이 성행하고 있는 것도 눈여겨봐야 한다. 위험성이 높은 금융 투자 대신 다양한 컨텐츠와 아이디어에 대한 투자 등이 활성화되고 있으며, 여기에서 새로운 부가 창출되기도 한다. 이처럼 돈의 흐름이란 시대에 따라 변하는 것이며, 부자가 되기 위해서는 이 흐름을 읽는 눈이 매우 중요하다.

로버트 기요사키가 경제 교육에 주안점을 두는 이유도 이런 맥락에서다. 이 사회는 사람들에게 "좋은 직장에 들어가라, 버는 한도 안에서 살아라, 집은 자산이다" 같은 규칙을 알려주지만, 사실 좋은 직장이란 열심히 공부하고 돈 벌어서 가장 높은 세율로 세금을 내는 것에 지나지 않는다. 즉 돈이 필요할 때 내 돈을 마련할 유일한 방법은 금융 IQ를 높이고 금융지식을 쌓는 것뿐이다.

그럼에도 금융 IQ에 대한 우리의 인식은 아직 부족하다. 돈에 대해 공부하고 돈을 알아야 한다는 생각이 일반적으로 받아들여지지 않고 있는 것이다. 다음 장을 연이어 보자.

10년 후 내 자산은?

많은 사람들이 하루하루 성실히 살면 '부자가 되는 건 시간문제' 라고 생각한다. 그렇다면 지난 10년간 당신의 재산은 얼마나 늘어났는가? 그간 얼마나 늘었는지, 또는 얼마나 줄었는지 그 금액을 정확히 기록해 보자. 아마 대다수는 그렇게 막상 적고 나면 허탈한 기분에 휩싸일 것이다. 나아가 이 계산은 한 가지 중요한 교훈을 안겨준다.

만일 지금처럼 세월을 보낸다면 10년 후에도 당신은 비슷한 상황 속에서 비슷한 액수를 적어 넣게 될 것이라는 사실이다. 따라서 어떻게든 여기서 변화를 이끌어내 다른 결과를 얻고자 한다면 지금부터라도 그 변화를 위해 무엇인가를 실행해야 한다.

1) 지난 10년간 늘어난 자산은 얼마인가?

:

2) 지난 10년간 만약 빚이 생겼다면, 그 금액은 얼마나 되는가?

:

3) 앞으로 10년간 얼마의 자산이 늘기를 기대하는가?

:

4) 목표한 자산을 획득하기 위해 지금부터 무엇을 해야 할까?

:

3) 대안은 **무엇**인가?

부자가 되는 습관은 어릴 때부터 길러져야 한다. 즉 제대로 된 금융 교육이야말로 현대 교육의 중요한 부분인데, 문제는 그 교육 시스템이 제대로 갖추어지지 않았다는 사실이다. 많은 이들이 지금의 불안정한 경제 상황의 큰 이유 중에 하나로, 잘못된 금융 교육을 꼽는 것도 그런 이유에서이다.

잘못된 교육이 불황의 원인이었다

로버트 기요사키에 의하면, 현재 제도권 교육의 가장 큰 문제는 금융 교육의 가치를 지나치게 폄하하고 있다는 점이다.

우리 현실을 보자. 수많은 대학생들이 어마어마한 학자금 대출로 졸업을 하자마자 빚쟁이로 전락한다. 그렇다고 졸업 후에 그 돈을 투자한 만큼 가치 있는 삶을 살고 있는가?

이런 상황에서 기요사키는 학교 시스템이 얼마나 제대로 된 금융 교육으로 이들의 미래를 지켜주고 있는지 되물으며, 금융 위기, 중산층의 파산, 국가 부채 등 여러 사태에서 금융 교육의 부재가 원인이 되었다고 지적한다. 나아가 그는 이제 평범한 사람들이 부자가 되는 길은 자신의 사업을 하는 것밖에 없다고 말한다. 저조한 임금인상과 돈의 실질가치 하락으로, 아무리 좋은 직장에 들어가도 생활밖에 할 수 없다는 것이다.

이제 누구나 개인 사업을 해야 성공한다

2009년 세계적인 여론조사전문가인 프랭크 런츠 박사가 발표한 설문조사에서 미국인의 80%는 자신의 회사를 차리고 싶어 하는 것으로 밝혀졌다.

미국은 한때 도전정신으로 무장한 사업가들의 천국이었다. 미국 국민들 중에 많은 사람들이 스스로 사업체를 일구고 부를 쌓기 위해 미국으로 이민을 오면서 대규모의 이민 공동체를 형성했다. 나아가 이 아메리카 드림은 무에서 시작해 유를 창조하는 미국의 최대 강점과 혁신을 일궈낸 힘이 되었다.

하지만 기요사키는 이제 이런 혁신을 더 이상 학교에서 배울 수 없다고 말한다. 그는 자신의 새로운 책 〈왜 A학생은 C학생 밑에서 일하게 되는가 그리고 왜 B학생은 공무원이 되는가〉에서 미국의 학교들이 아메리칸 드림을 잊었다고 말한다.

과거의 영광을 가져왔던 도전정신과 패기를 가르치는 대신 학생들을 단순하게 학자형인 A형, 관료형인 B형으로 나누어 이 안에서 미래를 찾도록 훈련시킨다는 것이다. 자본주의의 성화를 넘겨받아 새로운 일자리를 창출할 자본가형인 C형이야말로 미국의 미래에 도움이 될 텐데도, 이를 경시하고 폄하한다는 것이 그의 주장이다.

비단 미국만의 문제가 아니다. 우리나라는 어떤가? 교사들이나 학부모들은 항상 유명 대학교, 좋은 일자리를 얻는 것만이 행복의 기준인 것처럼 말한다. 과연 그러할까?

상황이 이러니 많은 이들이 어릴 때 제대로 된 금융 교육을 받지 못한 결과, 정기적인 수입을 잃는 것에 대한 두려움에 빠져 선뜻 사업가가 될 용기를 내지 못한다.

이런 면에서 제대로 된 금융교육은 즐겁게 일할 사업을 찾아 나설 수 있는 용기를 부여해주는 또 하나의 기회다. 새로운 금융 지식을 받아들이고 새로운 삶을 살 준비를 해야 하는 순간이 찾아온 것이다.

세계 명사들이 말하는 네트워크 비즈니스

- 도널드 트럼프 : 2013 포브스 세계 가장 영향력있는 유명인사 100인? 부동산재벌 1위

"평범함 사람들에게 성공의 기회를 가져다 줄 수 있는 네트워크마케팅이야말로 인생을 역전시킬 수 있는 최고의 기회다."

- 레스 브라운 : 국제적 연설가, 백만장자, 기업가

"인류 역사상 다른 어느 산업보다 더 많은 백만장자를 만들어 낸 산업이 네트워크마케팅이다."

- 브라이언 트레이시 : 컨설턴트, 백만장자, 기업가

"네트워크마케팅의 미래는 무한하다. 끝이 안보인다. 더욱 우수한 인재들이 몰려들고 있어 계속 성장할 것이다. 세계에서 가장 존경받는 사업의 수단이 될 것이다."

- 짐 론 : 철학가, 백만장자

"네트워크마케팅은 사람들이 가장 작은 자본, 즉 자기시간으로 꿈을 이루는 것을 가르쳐주는 풀뿌리 자본주의의 가장 큰 원천이다."

- 데이비드 마크 : 현대미술 거장, 교수

"포춘지 매거진에서 억만장자 투자자 워런버핏이 네트워크마케팅에 투자한다는것을 읽었을때, 내가 무엇인가 놓치고 있음을 깨달았다."

- 빌 클린턴 : 제42대 미국 대통령

"누구에게나 밝은 미래에 대한 기회를 주고 자영업을 통해서 새 일자리를 창출하는 네트워크마케팅 종사자들은 세계 경제 회생의 주역이다."

- 토니 블레어 : 전 영국 총리

"네트워크 마케팅은 경제가 전반적으로 발전하는데 막대한 공헌을 하는 비즈니스다."

- 로버트 기요사키

"힘을 가진 것은 제품이 아니라, 진짜 힘은 네트워크에 있다. 부자의 74%는 네트워크 시스템을 소유하고 있다."

4) 네트워크 **비즈니스라는 대안을** 찾자

　자기 사업을 하면서 충분한 수입과 함께 시간과 경제적 자유를 동시에 얻을 수 있는 사업은 정말로 없는 걸까? 매일 아침 눈을 뜰 때마다 성공을 자신하며 힘차게 하루를 시작하도록 해주는 비즈니스가 정말로 있을까? 아마 여러분도 한두 번쯤 네트워크 비즈니스라는 사업을 들어봤을 것이다.

　그렇다면 한때 많은 이들이 네트워크 비즈니스를 두고 '불법 피라미드' 라며 꺼려했던 것도 기억할지 모른다. 정말로 네트워크 비즈니스가 불법적인 일이라면, 폴 게티, 로버트 기요사키 같은 사람들은 왜 네트워크 비즈니스야말로 평범한 사람들이 부자가 될 수 있는 유일한 비즈니스라고 말했을까?

네트워크 비즈니스는 사람 장사가 아니다

　많은 사람들이 네트워크 비즈니스를 이상적인 사업이라 말하는 이유는 적은 자본금과 개인의 열정으로 일궈갈 수 있는 몇 안 되는 사업이기 때문이다.

나아가 네트워크 비즈니스의 우수성은 미국을 위시해 세계적으로 증명되었고, 지금 이 순간에도 수많은 사람들이 네트워크 비즈니스를 통해 신흥 부자가 되고 있다. 하지만 이런 장점에도 불구하고 네트워크 비즈니스를 선뜻 선택하지 못하는 사람이 더 많았다. 정통적인 네트워크 비즈니스는 불법 피라미드와는 전혀 다른 시스템을 가졌음에도, 네트워크 비즈니스에 대한 편견으로 인해 시도조차 해보지 않는 것이다.

가장 큰 이유는 많은 이들이 네트워크 비즈니스를 일명 '사람 장사', 막무가내 식으로 가족과 지인, 무작위의 타인을 자신의 하위라인으로 가입시켜 물건을 판 다음 수익금을 얻어가는 사기꾼의 사업이라고 생각하기 때문이다.

단언컨대, 이는 한때 불법 피라미드가 무수한 피해자를 양산해 사회적 지탄 대상으로 떠오르면서 생겨난 편견일 뿐 정통적인 네트워크 비즈니스와는 아무 관련이 없다.

좀 더 자세히 말하자면, 정통 네트워크 사업의 기본은 품질 좋은 상품을 먼저 써보고 남에게도 권하는 바이럴 마케팅의 일종에 가깝다. 무작정 하위라인을 가입시켜 물건을 떠넘기는 것이 아니라, 내가 써본 제품 중에 만족한 제품을 자신 있게 타인에게 권함으로써 소비되는 유통마진을 가져오는 신개념의 사업인 것이다.

네트워크 비즈니스는 백만장자들이 추천하는 사업이다

마이크로소프트의 회장 빌 게이츠는 자신이 컴퓨터 사업을 하지 않았더라면 네트워크 비즈니스를 했을 것이라고 단언한 바 있다. 그는 네트워크 비즈니스야말로 21세기 가장 강력한 변화의 물결로서 유통산업을 이끌어 갈 것이며 개인이 성공할 수 있는 최고의 기회라 했다.

나아가 세계 최고의 주식투자자인 워렌 버핏 역시 "네트워크 사업 분야야말로 내가 아는 최고의 투자"라고 말하며 실제로 네트워크 비즈니스에 대한 투자를 했다.

마찬가지로 수많은 백만장자들이 네트워크 비즈니스야말로 이 시대에 걸맞은 비즈니스라고 언급한 바 있다.

그렇다면 돈과 시대의 흐름에 가장 민감한 이들이 네트워크 비즈니스를 좋은 사업이라고 말한 이유는 무엇일까?

다음 장을 연이어 보자.

4장

로열티를 구축하는
성장의 비밀은 여기에 있다

1) 불황의 벽을 뛰어넘는
나의 생존법은?

위기의 순간에는 위기만 있는 것이 아니다. 위기가 때로는 변화와 함께 기회를 몰고 온다. 실로 지난 세기의 규칙을 버리고 새로운 질서 속으로 스스로를 떠민 이들이 놀랄 만한 성공을 거두었다는 것을 여러분도 알 것이다.

과거의 성공 공식을 버려라

외환위기 전만 해도 이 사회의 성공 공식은 매우 단순했다. 든든한 학벌을 가졌거나 집안이 좋거나, 자산이 많으면 쉽게 성공할 수 있다는 것이 일반적인 통념이었다. 그러나 지금은 어떤가? 학벌이 있어도 취업 못하는 청년들이 수두룩하고, 집안이 좋으면 전부라는 건 옛날 사고방식이 되어버렸다. 아무리 자산이 많아도 지식과 선견지명 없이 자본만 투자하다가는 금방 쪽박을 차게 된다. 그런가 하면 평생직장이라는 말도 어느덧 구시대의 유물이 되었다.

달라진 성공의 공식에 도전하자

이처럼 달라진 현실은 한 가지 사실을 말한다. 시대가 변하면 성공의 공식 또한 달라진다는 점이다. 하지만 이런 변화를 눈치채고 있는 사람은 많지 않다. 누구도 IMF와 미국 발 경제위기를 예측하지 못했듯이, 이 변화의 흐름을 느끼고 있는 이들 역시 극소수에 불과하기 때문이다.

아침저녁 러시아워 전철을 타보라. 피로에 젖은 사람들의 얼굴에는 하루를 시작하는 기쁨도 생기도 찾아볼 수 없다. 매일 반복되는 똑같은 업무와 끊임없이 가계부를 위협하는 경제적 고통으로부터 벗어나기 요원한 현실이 이들의 눈을 장님으로 만들고 있는 것이다. 여러분은 어떤가? 이런 현실에서 벗어날 길을 찾고 있는가? 정말로 그렇게 할 수 있다고 믿고 있는가?

성공하고 부자가 되고 싶다면, 먼저 이 질문에 답해야 할 것이다.

당신은 성공 할 수 있다

네트워크 비즈니스는 마인드를 강하게 해야 성공하는 마인드 싸움과
같다. 사업을 시작하기로 결심했다면 다음의 질문들을 꼭 던져보자.

- "어째서 이 사업을 선택했는가?"
- "어느 정도의 자본과 시간을 투자할 것인가?"
- "나는 이 사업을 통해 무엇을 얻으려고 하는가?"
- "나에게 있어 성공은 무엇인가?"
- "어째서 나는 부자가 되려고 하는가?"
- "구체적인 장기적 · 단기적 목표는 세웠는가?"
- "이 사업을 누구와 함께 만들어갈 것인가?"
- "만일 사업이 어려워질 경우 어떻게 대처할 것인가?"
- "이 사업을 통해 얻은 성공을 누구와 함께 나눌 것인가?"
- "사업 진행을 위해 새로이 배워야 할 것은 무엇인가?"
- "가족과 지인들에게 이 사업에 대해 설명할 수 있겠는가?"
- "만일 거절당했을 때, 실망하지 않을 수 있는가?"
- "이 사업을 통해 꿈을 이룰 수 있다고 확신하는가?"
- "사업을 위해 지금부터 준비할 부분은 무엇인가?"

2) 당신도 **성공**할 수 **있다**

살면서 돈에 쫓겨 원하는 일을 하지 못할 때, 가족과 지인들을 돌봐주지 못할 때, 그 고통만큼 서러운 고통은 없다. 그럴 때면 많은 사람들이 이렇게 질문한다.

"나름 열심히 살아왔는데 왜 항상 돈이 부족할까? 누구는 똑같이 해도 부자가 되는데, 나는 왜 여전히 가난한 걸까?"

하지만 여러분에게도 부자가 될 수 있는 길이 열려 있다면 어떻게 해야겠는가?

노력만으로는 얻을 수 없는 것

옛사람들은 열심히만 살면 누구나 부자가 될 수 있다고 믿었다. 다른 이들보다 일찍 일어나 더 열심히 씨를 뿌리고, 누구보다도 열심히 잡초를 제거한 농부는 가을이면 더 많은 곡식을 거두었다. 물론 이런 성실함의 중요성은 현대사회에서도 변하지 않는 성공의 법칙인 것은 틀림없다. 하지만 바쁘게 변화하는 현대사회에서 이 원칙만을 고수하는 것은 낡은 사고방식을 고집하는 것과 다름없다. 아무리 열심히 씨를 뿌리고 잡초를 제거해도 좋은 비료와 제초제, 더 많은 일꾼을 가진 농부를 당해낼 수 없기 때문이다.

예를 들어 같은 지역에 비슷한 규모를 가진 두 개의 중국집이 있다. 두 중국집 모두 아침 일찍 문을 열고 밤늦게까지 영업을 하는데 두 가게가 매출액에서 큰 차이가 났다면 어떨까? 나아가 그 이유는 무엇일까?

자본보다 더 중요한 것이 있다

두 중국집에는 일단 위치의 차이가 있었다. 상대적으로 매출이 적은 A 중국집은 골목 안쪽에 위치한 반면, B 중국집은 사람이 많이 다니는 곳에 가게를 열었다. A 중국집은 상대적으로 임대료가 저렴한 곳을 택했지만, B 중국집 사장은 인테리어 등에 들일 비용을 줄이는 대신 좋은 입지에 자본금을 투자한 것이다. B 중국집 사장의 예견은 정확했다.

처음에 투자한 임대료는 조금 더 비쌌지만 장사가 잘 되는 지금 권리금이 치솟았기 때문이다. 두 번째는 아이템이었다. A 중국집은 늘 같은 짜장면을 팔지만, B 중국집은 손님들의 요구에 맞는 새로운 메뉴를 개발해 열심히 홍보했다. 그러다 보니 손님들도 더 다양한 메뉴를 즐길 수 있고 찾기도 간편한 B 중국집을 찾을 수밖에 없었던 것이다. 결국 두 중국집 모두 열심히 자신의 일에 매진하고 최대한으로 노력했지만 매출은 B 중국집이 더 많이 가져갈 수밖에 없었다.

이는 21세기의 성공이란 좋은 아이템과 좋은 시기, 좋은 위치 등 다양한 요소들의 결합이 만들어낸다는 점을 잘 보여준다. 무조건 열심히만 하면 성공할 수 있다는 아날로그적 사고는 이 시대에는 더 이상 유효할 수 없는 것이다.성공하는 사업가들이 매일 같이 신문을 탐독하고 독서나 세미나를 통해 더 많은 지식을 찾고 세상을 읽는 안목을 키우는 것도, 단순히 노력만 해서는 원하는 성공을 거머쥘 수 없으며, 시대의 흐름 속에서 자신에게 걸맞은 자리를 찾아나가야 지속적인 성장을 이룰 수 있다는 점을 잘 알기 때문이다.

한 예로 프랜차이즈를 보자. 유명 브랜드 프랜차이즈를 열려면 보통 가게를 여는 것보다 훨씬 많은 권리금을 지불해야 한다. 그럼에도 많은 이들이 비용을 지불하면서도 프랜차이즈 사업을 열망하는 것은 해당 프랜차이즈로부터 브랜드뿐만 아니라, 매장 운영법과 관리법, 나아가 각각의 계절에 맞는 이벤트, 신 메뉴 레시피 등 보장된 성공의 시스템을 배울수 있기 때문이다. 즉 이제는 같은 자본을 투자하더라도 어떤 이는 성공하고, 어떤 이는 가난해지는 이유가 있다. 다음 페이지에서 자세히 알아보자.

빈자와 부자의 차이점은 이것

빈자	부자
내가 가난한 이유는 처음부터 가난했기 때문이다.	내가 반드시 부자가 되어야 하는 이유는 목표가 있기 때문이다.
투자는 위험 회피, 안정 최우선이 기본이다.	나는 현실을 통해 위기관리법과 판단능력을 배운다.
나는 능력이 없다.	나는 능력을 배양하고 도움을 받아 궁리한다.
이 물건을 살 능력이 안 된다.	이 물건을 살 방법을 궁리한다.
재물을 탐하는 것은 악의 근본이다.	가난이야말로 악의 근본이다.
돈은 나에게 중요치 않다.	돈은 인생의 가치를 실현할 수 있게 도와준다.
나는 돈을 벌기 위해 일한다.	나는 돈과 수입체계가 나를 위해 일하게 만든다.
이것이 빈곤의 세계이다.	이것이 부자의 세계이다.

3) 로열티가 부를 축적시킨다

한 가지 생각의 전환을 해보자. 이른바 'JOB'이라고 일컬어지는 직장을 '직업' 또는 '사업'으로 해석해보는 것이다. 로버트 기요사키는 성공하려면 무엇보다 획기적인 아이템과 완벽한 시스템이 존재하는 직업 또는 사업을 찾아야 한다고 말한다.

어떤 성공도 결코 우연적으로 이루어지지 않으며, 정보 수집을 통해 아이템을 선정하고 합리적인 단계를 밟아 올라가야 한다는 것이다. 나아가 세계불황 등 큰 위기가 닥칠수록 이런 기본기의 힘은 더 커질 수밖에 없다고 말한다.

로열티와 인세 수입

한 예로 음악가, 디자이너, 작가, 특허 발명가 같은 초 전문직 사람들에게는 한 가지 특징이 있다. 이들에게는 지적 재산권이나 저작물 생산을 통해 평생에 걸쳐 받는 로열티 수입을 가지고 있다는 점이다. 한 예로 음악가에게는 음반이, 작가에게는 책이, 발명가에게는 특허 등이 그런 역할을 한다. 이들은 자신만의 특별한 재능을 통해 저작물을 만들어내고, 이를 기하급수적인 대중에게 판매함으로써 꾸준한 인세 수입을 가져간다.

로열티라는 시스템이 부를 만든다

〈해리포터 시리즈〉로 세계적인 억만장자가 된 조앤 롤링을 보자. 그녀는 가난한 싱글맘 시절 아이를 유모차에 태워 카페에서 글을 썼다. 이 작품을 쓸 당시만 해도 그녀는 자신의 작품이 세계적인 밀리언셀러가 될 것이라고 생각하지 못했다. 그러나 얼마 안 가 그녀의 책은 전 세계에 번역되어 수많은 독자층을 형성했고, 현재 그녀의 자산은 세계 갑부 대열에 들어설 정도가 되었다.

비단 갑부 수준이 아니라도 우리 주변만 봐도 로열티의 힘을 확인해볼 수 있다. 같은 음식점이라도 오랜 전통으로 단골손님을 확보한 식당은 그 로열티를 통해 꾸준한 수입을 길어 올린다.

또한 이처럼 특별한 아이템으로 생활을 유지하고 부를 쌓을 만큼 많은 로열티를 받는 사람은 극히 일부에 불과하다는 점에서 이런 이들은 뼈를 깎는 노력 끝에 하나의 브랜드를 만들어낸

일종의 장인과 다르지 않다. 그렇다면 성공한 사람들은 어떤 방식으로 자신만의 로열티를 쌓고 있을까?

자본보다는 시간 투자에 주목하라

성공한 네트워크 비즈니스 사업자들은 하나같이 자본금 투자보다는 시간 투자에 사활을 건 사람들이다. 이들은 되도록 많은 사람을 만나고, 이들에게 사업을 전달하는 데 공을 들인다. 도움이 필요하면 먼 거리도 마다 않고 달려가며, 바쁜 시간을 쪼개 다양한 세미나와 모임에도 참석한다. 특히 시간 투자는 이후 큰 결실로 돌아올 수 있는 최대의 수익원인 만큼 자신의 시간을 가장 효율적으로 쓸 수 있도록 노력해야 한다. 직장을 다니면서 투잡으로 사업을 진행하는 사람도 시간을 잘 쪼개서 하루에 2-3시간만 투자하면 충분히 승부를 볼 수 있다.

4) 시스템이 로열티를 만들어낸다

로열티를 다르게 말하면 '시간을 투자하지 않아도 수입이 들어온다'는 의미다. 유명한 책이나 음악을 만든 원저자들을 보자. 처음 책을 쓰거나 음악을 만들 때는 고심했겠지만, 인정받는 작품을 발표한 뒤부터는 그 작품을 통해 아플 때나 좋을 때나 일정한 수입을 얻을 수 있게 된다. 따로 그것을 팔러 다니며 시간과 노력을 투자할 필요가 없는 것이다.

하지만 이 로열티 수입을 구축하기 위해서는 또 한 가지 사실에 주목해야 한다. 로열티를 갖기 위해서는 우선 그 로열티를 수익으로 연결시키는 네트워크 시스템이 필요하다는 점이다. 다음의 우화를 통해 자세히 알아보자.

파이프라인 구축하기

사막에 A와 B라는 두 젊은이가 있었다. 이 두 젊은이는 물통을 나르며 생계를 꾸리고 있었다. 그러던 어느 날 청년 A가 B에게 말했다.

"지금 상황으로는 하루 먹고 사는 것도 빠듯하겠어. 우리 당분간은 힘들겠지만 미래를 보고 작업 하나를 하는 게 어때? 파이프라인을 연결해서 저 오아시스의 물을 끌어와서 장사를 하는 거야."

하지만 B는 이 제안을 거절했다. 지금 하는 일만으로도 하루 먹고 살 걱정은 없었기 때문이다. B가 일찍 일을 끝내고 집으로 돌아갈 때, A는 늦은 시간까지 홀로 남아 조금씩 파이프라인을 연결해갔다. B는 바보스러울 만큼 묵묵히 파이프라인을 놓는 A를 보며 사서 고생이라고 혀를 찼다.

그러나 시간이 흘러 결국 파이프라인이 개통되었다. 이후 두 사람의 운명은 어떻게 달라졌을까? A는 일찍이 말했듯이 파이프라인 사업을 시작해 크게 성공했다. 반면 B는 일자리를 잃었다.

하지만 A는 자신의 성공을 혼자만 즐기지 않았다. 그는 실직한 B를 찾아 마을부터 시작해 전 세계로 이 파이프라인 시스템을 퍼뜨리고, 그렇게 얻은 수익을 작은 금액만 몫으로 챙기자고 제안했다.

수년이 흘러 그들은 은퇴했지만, 전 세계로 확장된 그들의 파이프라인 사업은 아직까지도 연간 수백만 달러가 되어 그들의 은행계좌로 꼬박꼬박 입금되고 있다.

로열티 시스템의 힘

네트워크 비즈니스는 결국 위에서처럼 로열티라는 파이프라인, 즉 수익을 네트워크 시스템과 연결시키는 것과 마찬가지다.

한 예로 직장인들은 직장에 다닐 때는 생계를 유지하지만, 퇴직 이후에는 막연해지기 십상이다. 자영업 역시 몸이 아파 드러누우면 누구도 대신해서 해줄 수 없다는 점에서 하루 8시간 매여 있는 직장인과 다를 것이 없다.

투자는 또 어떤가. 자본금 많은 부자들에게는 위험도 적겠지만, 보통 사람들은 자칫 손실을 입을 경우 돌이키기 어려운 경우가 더 많다.

하지만 정기적인 로열티 수입이라는 시스템을 구축해놓는다면 상황은 달라진다. 마치 사막에 파이프라인을 놓듯이 비즈니스 네트워크는 막상 구축할 때는 오랜 시간이 걸리지만, 한 번 구축되면 잘 와해되지 않으며 비가 오나 눈이 오나 일정한 수입이 통장으로 들어오는 것이다.

나아가 변화 속에 따라오는 기회를 잘 활용하면 큰 자본이나 학벌 없이 사업에 도전해볼 수도 있다. 믿겨지지 않는가?

그렇다면 다음 장에서 네트워크 비즈니스로 성공한 이들을 만나보자.

투잡(2Job)이 뜨는 이유는 여기에 있다

최근 자신의 전문적인 분야에서 활동하되 동시에 다른 분야에서도 전문성을 쌓기 위해 노력하는 투잡과 쓰리잡이 인기다. 한 분야에서 대단한 전문가가 되는 것만으로는 안정된 수익 구조를 만들어내기 어렵다는 인식이 커졌기 때문이다.

실제로 인터넷 구인 사이트를 보면 투잡 란이 따로 있을 정도인데, 이는 직업에 대한 편견이 사라지고, '경제 전쟁시대'에 좀 더 풍요로운 생활을 위해 남는 시간에 또 하나의 전문 분야를 만들려는 사람이 많아졌기 때문이다.

그렇다면 좋은 투잡의 조건은 무엇일까? 투잡을 흔히 부업이라고 부르는데, 사실상 요즘 투잡은 부업 개념을 넘어서고 있다. 투잡을 통해서도 얼마든지 즐거움과 수익을 얻고 전문인으로서의 능력 계발도 할 수 있게 된 것이다. 실제로 투잡을 하다가 오히려 본업보다 투잡에서 더 큰 가능성을 발견하고 그쪽으로 진로를 변경하는 사람들도 적지 않다.

또한 투잡이 경제 활동의 적지 않은 부분을 차지하게 되면서, 투잡에 대한 인식도 변화하고 있다. 이를테면 투잡이라고 하루 이틀 하고 그만두는 것이 아니라, 장기적인 수익 구조를 구축한 오래 할 수 있는 투잡이 많은 사랑을 받게 된 것이다. 또한 과거의 투잡이 주로 몸을 움직이는 시간 아르바이트 개념이었다면, 이제는 정보와 지식, 서비스 분야에서 좀 더 부가가치가 높은 투잡들도 등장했다.

이런 투잡들의 특징은 하루에 몇 시간씩 저임금으로 일하는 대신, 나무한 그루를 키우듯 장기적 시스템을 구축해 시간이 갈수록 더 큰 가치를 얻게 된다는 장점이 있다.

예를 들어 옷가게에 옷을 파는 점원으로 취직을 하면 투자한 시간 이상의 임금을 받기 어렵다. 그러나 옷가게 쇼핑몰을 구축한다면 처음에는 좀 시간이 걸려도 나중에는 판매 사원으로 일할 때보다 훨씬 많은 수익을 올리게 된다. 장기적 시스템을 가진 투잡도 이와 비슷한 이치로서 로열티 파이프라인을 쌓는 일이 될 수 있다.

5장

네트워크 비즈니스로
성공한 사람들을 만나자

1) 우리 시대의 **부자는**
네트워크 비즈니스로 **탄생 된다**

    많은 이들이 성장 없는 불황의 시대에서는 부자가 되는 것이 불가능하다고 말한다. 진정한 성장이란 평범한 사람들이 꿈을 이루고 경제적 자유의 대열로 들어서는 일임에도 자본의 집중화 현상이 평범한 사람들의 꿈을 막아서기 때문이다.

모두가 성장하는 사업, 네트워크 비즈니스
    이런 상황에서 네트워크 비즈니스는 평범한 사람이 꿈을 이룰 수 있는 가장 좋은 기회다. 이는 1990년대 미국의 클린턴 대통령이 자국의 네트워크 비즈니스를 포함한 직접 판매 종사자들을 격려한 것에서도 확인해볼 수 있다. 네트워크 비즈니스를 불법 피라미드라고 인식하는 우리나라와 달리 미국은 국가 차원에서 네트워크 비즈니스 사업자들을 독려한다. 그는 미국에서 활동하는 850만 명 디스트리뷰터를 격려하기 위해 격려 연설을 진행했는데, 그 연설 내용은 이후 큰 화제가 되면서 더 많은 네트워크 사업자를 탄생시켰다.

그는 네트워크 사업자들이야말로 세계경제활동의 주역이며, 그 개개인의 성공이 경제와 나라를 튼튼히 할 뿐 아니라 다른 이들에게 기회를 제공한다고 단언했다. 나아가 그는 총 850만 명에 달하는 네트워커 중에 30만 명 이상이 65세가 넘는 노인이며, 각종 장애인도 50만 명, 3/4이 여성이라는 점을 높이 샀다.

나아가 이들의 노력으로 1000만개가 넘는 새 일자리가 창출되고, 재정적자가 60% 삭감되었으며 남북전쟁 이후 처음으로 4년 연속 재정적자가 줄었다고 강조했다. 또한 7년 반 만에 가장 낮은 실업률을 기록하고 180만 명이 최저 연금 수혜자에서 벗어났다는 점에도 주목했다.

미래형 비즈니스

이처럼 네트워크 비즈니스 회사와 네트워커, 소비자 모두에게 소득이 되는 구조일 뿐 아니라, 위의 격려사에서도 볼 수 있듯이 이것이 불황에 빠진 국내 경제 구조까지 개선할 만한 가능성을 갖추고 있다는 점에서 미래형 비즈니스라는데 의심의 여지가 없다.

다시 강조하지만, 공생의 동반 관계에서 수익이 창출되기 위해서는 그 근거지인 윈윈 시스템이 확고해야 한다. 회사는 회원수가 많을수록 종업원이나 매장 관리 없이 판매량이 증가하니 이득이고, 회원으로서는 회사가 탄탄하면 자본금 없이 품질 좋은 제품을 판매할 수 있으므로 그 또한 이득이다. 그런 면에서 네트워크 회사와 회원은 결코 일반 직장과 같은 상하 개념이 아니라 동반 성장하는 파트너의 개념인 것이다.

지금껏 상하 관계에만 익숙해왔던 이라면 이 같은 윈윈 개념이 어색하고 놀랍게 느껴질 수도 있을 것이다. 하지만 사회는 기본적으로 다양한 관계의 톱니가 얽혀 굴러가는 수레바퀴와 같다. 네트워크 비즈니스는 수익 구조의 창출에서 회원들의 영역을 크게 다룸으로서 많이 가진 자가 더 많은 것을 가져가던 승자독식의 룰은 더 이상 자발적인 행동을 유발하지 않는다는 점을 알고 있는 셈이다. 네트워크 비즈니스의 탁월한 윈윈 시스템은 지금껏 '신흥부자의 탄생'이라는 기적을 이루어왔고 그 행보는 앞으로도 계속될 것이다. 그 자리에 여러분이 함께하는 이 순간이 바로 그 기적의 시작임을 기억해야 한다. 다음은 네트워크 비즈니스로 새로운 삶으로 도약한 사람들의 이야기다. 이들의 성공은 우연해서 시작해 필연으로 자리 잡았다. 여러분에게도 불가능하지 않은 이야기들이다.

네트워크 비즈니스에 참여하는 3가지 방법은?

네트워크마케팅은 학벌과 자본이 아닌, 오직 노력을 통해 이루어지는 사업 구조다. 아니 오히려 자본이 없고 학벌이 없기 때문에 더 성공할 수 있는 사업이기도 하다.

네트워크마케팅은 평범한 소비자가 제품을 직접 써보고 제품이 좋다는 확신이 들면 주위에 소개하고, 그 대가로 절약된 광고비와 중간유통마진을 받는 형태로 이루어진다. 즉 어떤 물건을 애써 팔거나 남의 호감을 얻으려 노력하지 않고도, 제품을 써보는 자체만으로도 사업이 이루어지는 셈이다. 다시 말해 네트워크마케팅은 일반인들에게 가장 적합한 사업 방법이자, 다음의 세 가지 형태로도 사업이 가능하다.

첫째 : 일반 소비자로 참여하는 방법
둘째 : 투잡으로 참여하는 방법
셋째 : 전업자로 참여하는 방법

이는 각자의 여건과 성향에 따라 얼마든지 달라질 수 있으며, 무리하게 자본을 투자해 지금의 모든 혜택을 버리지 않아도 투잡만으로도 일정한 수입을 올리는 것이 가능하다.

2) 새로운 삶에 도전하기에 늦지 않았다

저는 올해 57세가 된 남성입니다. 젊은 시절 대기업에 들어가 20년 가까이 근무하다가 40대 후반에 명예퇴직을 하고 작은 IT 중소기업에서 기술 임원 일을 하게 되었지요. 대기업보다 받는 월급은 적었지만 그래도 저는 운이 좋다고 할 정도로 재취직이 힘들었던 시기였습니다. 다행히 저는 IT 분야에 전문적인 지식을 가지고 있었기에 재취직이 가능했습니다.

그렇게 또다시 7년 정도 최선을 다해 근무한 결과 회사도 많이 성장하고 저 역시 안정적인 궤도에 들어설 수 있었습니다. 그러던 2008년 외환위기가 닥쳐오면서 모든 것이 달라졌습니다. 순식간에 회사의 부품 수입이 어려워져 회사 사정이 기울기 시작한 것입니다. 그때를 생각하면 지금도 아찔하지만, 결국은 회사를 떠난 것이 행운의 시작이었다고 생각하기도 합니다. 다소 늦은 나이지만 네트워크 비즈니스라는 새로운 사업을 만날 수 있었으니까요.

처음에는 아내의 권유였습니다. 많지 않은 월급에 두 아들을 대학 공부까지 시켜야 하는 처지에 아내도 어쩔 수 없이 부수입을 찾을 수밖에 없었습니다. 처음에 친구와 부업을 하겠다는 이야기를 들었지만 아내도 사회생활을 해도 나쁘지 않겠다는 생각에 크게 반대하지 않았습니다. 얼마를 버는지는 아내의 재량이었기 때문에 물어보지도 않았지요.

그리고 마지막 출근 날, 짐을 정리해서 돌아온 제게 아내가 통장을 보여주었습니다. 통장을 보고 저는 깜짝 놀라지 않을 수 없었습니다. 저 모르게 꼬박꼬박 부업으로 모은 돈이 상당히 컸기 때문입니다. 아내는 그제야 자신이 보통 사람들은 다단계라고 부르는 네트워크 비즈니스를 하고 있다고 고백하더군요. 순간, 복잡한 심정이 들었습니다. 다들 다단계는 절대 돈을 벌 수 없다고 하던데, 혹시 아내가 속은 것은 아닐까.

하지만 제게는 눈앞에 보이는 통장만큼 확실한 증거가 없었습니다. 게다가 아내가 2년째 이 일을 하면서 수입이 조금씩 늘고 있고, 단 한 푼의 손해도 보지 않았다는 것에 믿음이 갔습니다. 사업은 종류를 막론하고 흥할 때가 있고 실패할 때가 있고, 아내가 이만큼 했는데 나 역시 실패만 하지는 않겠지, 단지 주변의 편견 때문에 시작하지 않을 이유는 없다고 판단했습니다. 아직 한창 돈이 들어가야 할 아이들이 둘이나 있는데 채 60도 되지 않은 나이에 실직자가 될 수는 없었으니까요.

그런 절박함이 저를 네트워크 비즈니스로 안내했고, 지금 저의 삶은 완전히 달라졌습니다. 오히려 일찍 퇴직하게 된 것을 다행이라고 여길 정도로 차근차근 사업을 넓혀가고 있습니다. 비록 처음부터 많은 금액을 벌 수는 없지만, 무리하게 자본을 투자해서 점포를 내는 것과 달리 지극히 안정적으로 키워갈 수 있는 사업이라는 것이 이 사업의 장점입니다.

만일 제가 다시 젊어질 수 있다면 좀 더 패기 있을 때 이 사업을 시작했으면 좋았겠다는 생각이 들지만, 지금이라도 네트워크 비즈니스를 알게 된 것에 감사하는 마음입니다. 이른 퇴직이 절망만은 아닙니다. 실업의 고통에 시달리느라 주변을 둘러보지 못하는 많은 분들에게 주위의 편견을 극복하고 이 사업에 도전해보시라고 꼭 권해드리고 싶습니다.

목표 설정 체크 포인트

다음은 목표 설정 이전에 준비 과정으로 해봐야 할 질문들이다. 각 질문에 따른 답들을 직접 손으로 적어보면서 내 목표의 형상을 그려보도록 하자.

▶ 올해 무엇을 성취하기를 원하는가?

▶ 당신을 가장 즐겁게 만드는 것은 무엇인가?

▶ 2년, 3년, 5년, 10년, 20년 후에는 어디에 있게 되기를 바라는가?

▶ 지금껏 포기해 온 목표들은 어떤 것들이 있는가?

▶ 정말로 하고 싶은 것은 무엇인가?

▶ 가장 행복했던 때는 언제인가?

▶ 당신이 가장 존경하는 사람들은 어떤 일을 하는 사람인가?

▶ 시작하기에 너무 늦었다고 생각되는 것은 무엇인가?

▶ 왜 나는 할 수 없었는가?

▶ 지금 다시 시작한다면 당신의 꿈에 도전해볼 생각이 있는가?

▶ 그러기 위해서 가장 먼저 해야 할 일은 무엇인가?

▶ 꿈을 이루는데 어느정도의 시간이 필요하다 생각하는가?

3) 네트워크 비즈니스는 최고의 **투잡 비즈니스**다

처음에 이 사업을 알게 된 건 한 인터넷 블로그를 통해서였습니다. 작은 패션 관련 회사에 근무하면서 늘 부족한 월급 때문에 고민이었지요. 저는 고향집이 지방에 있어 월세 방을 얻을 수밖에 없었습니다. 월세와 관리비, 식대와 차비, 작은 보험비용, 핸드폰 비용, 그 외에 고정비용을 제외하면 수중에 남는 돈은 없었습니다. 처음에는 월세 생활을 벗어나겠다는 생각으로 블로그 주인에게 사업의 뜻을 밝혔습니다. 이분이 결국 저의 업라인이 되었지요.

업라인께서는 제 고민을 찬찬히 들어주시고, 직장생활을 하며 사업을 하라고 권하셨습니다. 온종일 시간을 투자하지 않아도 하루에 3시간 정도만 일하면 부수입을 올릴 수 있다고 했습니다. 그간 다단계에 대해 나쁜 이미지를 갖고 있던 차였지만,

업라인 분을 만나 차분히 사업 설명을 듣고 설명회를 다니면서, 저처럼 투잡으로 이 사업을 하는 분들이 적지 않다는 것을 알게 되었습니다. 연령대도 저와 같은 30대부터 70대까지 다양했습니다. 무엇보다도 나이와 관계없이 모든 분들이 큰 열정으로 이 사업을 시작하고 있다는 것이 인상적이었습니다. 또한 저처럼 투잡으로 리스크를 최저로 하는 분들도 많았기에 단호히 사업을 결정할 수 있었습니다. 저축해놓은 돈이 많지 않았기에 최소한의 돈만 사용해 투잡을 하기로 한 것이지요.

그로부터 4년이 지난 지금, 저는 더 이상 아침 출근 7시, 퇴근은 고무줄이었던 회사에 근무하지 않고 있습니다. 투잡을 해본 결과 전망이 밝다는 생각에 퇴직을 하고 네트워크 비즈니스를 전업으로 삼았기 때문입니다. 처음에는 난관도 많았습니다. 친구들에게 사업을 설명할 때 들었던 모진 거절과 비난들이 힘들게 느껴져 몇 번이나 그만둘까 고민도 했었지요. 그리고 지금은 그 친구들과 함께 인터넷 사이트를 만들고 더 많은 분들에게 사업을 전하고 있습니다. 친구들은 아직 투잡으로 이 사업을 하고 있기에 제가 더 큰 책임감으로 사업을 총괄하며 책임감과 리더십도 배우며 성장하고 있습니다. 예전에는 아침에 눈을 뜨면 괴로운 심정이었습니다. 복잡하고 답답한 러시아워 전철에 실려 회사를 가면 끝도 없는 업무가 기다리고 있다는 생각에 벌써부터 피로가 밀려오는 기분이었습니다. 이제는 많은 것이 달라졌습니다. 지난 4년이라는 시간이 아깝지 않게 제가 원하는 수입을 3분의 2 이상 이루었기에, 앞으로 또 다시 2년만 더 투자하면 원하는 삶을 살아갈 수 있으리라는 희망 덕분입니다.

선뜻 사업을 시작하기 어려운 분들이라면 반드시 저처럼 투잡으로 이 사업을 시작해보시라고 말씀드리고 싶습니다. 처음 시작은 미약하지만 그 끝이 창대한 사업이 있다면 바로 네트워크 비즈니스임을 확신 드립니다. 내가 원하는 경제적 자유, 정신적 자유를 이 사업을 통해 이루십시오.

아하, 그렇구나!

네트워크 회사를 선택할 때 고려해야 할 핵심 포인트

▶ 경영 이념 : 회사와 사업자 모두에게 이득이 되는지를 살펴본다.

▶ 시스템 : 마케팅 플랜, 프로그램을 살펴 과연 비전이 있는 시스템을 가졌는가, 합리적 마케팅으로 영속성이 있는가를 따진다.

▶ 상품 : 회원의 입소문으로 확산될 수 있을 만큼 품질 좋은 상품인가를 판단한다.

▶ 관계된 사람들의 신뢰도 : 회사 주직원 등이 신뢰감을 주는지 알아본다.

▶ 자신감 : 본인의 능력과 적성 등을 고려해 할 수 있을지를 가늠한다.

4) 내 삶뿐만 아니라 **타인의 삶**까지 **바꾸는 기회**의 사업이다

　저는 평범한 가정주부로 20년을 살았습니다. 어느덧 마흔을 훌쩍 넘어 오십으로 달려가고 있더군요. 모든 가정주부들이 그렇겠지만 아이들 키우고 남편 뒷바라지를 하다보면 한 세월 훌쩍 가고 젊음은 지고 말지요. 그나마 평온한 삶이면 좋겠지만, 세상 어느 주부가 돈 걱정 없이 살까요. 무섭게 자라는 아이들, 예상치 못한 지출 등으로 남편의 월급은 월말이면 흔적도 없이 사라졌지요.

　네트워크 비즈니스를 시작한 것도 처음에는 반찬값이나 벌까 하는 생각이었습니다. 그 무렵 한 지인 분께서 제게 이 사업을 권하신 것입니다. 그분은 여장부라고 해도 될 만큼 용감하게 생활을 꾸려 오신 싱글맘 입니다. 남편을 일찍 잃고 안 해 본 일이 없으셨지요.

이분이 여러 사업을 하고 계신 것은 알았지만 선뜻 물어보지 못했는데, 어느 날 제 사정을 들으시더니 선뜻 이 사업을 권하셨습니다. 자신이 도와줄 테니 큰 걱정하지 말라는 말도 함께였지요.

지인 분을 따라 사업설명회를 몇 번 듣고 나니 저도 모르게 자신감이 생기더군요. 아니, 이런 사업을 오랫동안 찾아왔는데 코앞에 두고도 발견하지 못했다니, 가정주부로 살면서 둔해졌구나 하는 자책도 들었지요. 신이 나서 남편에게 말했던 날, 예상치 못한 반응이 터져나왔습니다. 당장 그만두라고 하더군요.

지인 분께서는 당연한 반응이라고 하셨습니다. 그런 뒤 다양한 책자와 자료를 저에게 건네주면서 남편을 설득해보라고 하시더군요. 그렇게 두 달 만에 어렵게 얻은 허락, 절대로 헛되이 흘려보내지 않겠다고 다짐했습니다. 최소 자본만 투자하겠다는 약속처럼 적은 돈으로 시작한 사업이 이렇게 크게 돌아올 줄 몰랐습니다.

다른 사업자 분들은 사람 만나는 것이 힘들다고 하시던데, 저는 그런 것도 몰랐습니다. 거절을 당해도 좋고, 비난을 받아도 괜찮았습니다. 열심히 하겠다는 마음 하나로 불도저처럼 굴어서 다른 분들을 불편하게도 했을 것입니다. 그 부분은 시간이 지나면서 반성했고, 이제는 나름의 규칙을 만들어 다른 분들을 만나고 있지요.

현재 제 블로그에는 수많은 사람들이 드나들며 사업 방법을 물어오기도 하고 사업 회원의 뜻을 비추기도 합니다. 불과 3년 만에 남편은 "당신 정말 대단해"라고 말하게 되었지요. 아이들도 바쁘긴 하지만 엄마가 밝아지고 활기차져서 좋다고 말합니다. 또한 저와 함께 사업을 시작한 지인 분들에게도 명절 때면 항상 선물이 한 가득 들어오곤 하지요.

수입이 많아진 것도 좋지만, 제게 이 사업의 귀중한 것은 이 비즈니스가 저의 삶, 나아가 제 주변 분들의 삶까지 조금씩 바꾸고 있기 때문입니다.

길다면 길고 짧다면 짧은 100년 인생, 서로 도닥이며 행복하게 사는 것이야말로 돈으로 살 수 없는 가치일 것입니다. 무기력한 삶을 벗어던지고 자신이 원하는 삶을 찾아 나가는 중년 여성들이 제 주변에는 얼마든지 있습니다.

여러분에게도 결코 이것이 멀고 꿈같은 일만은 아닙니다. 원하면 구한다고 했지요? 지금 당장 이 사업에 대해 알아보시고, 용기를 내서 시작하십시오.

네트워크마케팅 시스템의 특징

흔히 네트워크 비즈니스 사업을 시스템의 사업이라고 부른다. 실제로 네트워크 마케팅에서 시스템은 아무리 중요성을 강조해도 지나치지 않다. 새로운 21세기의 시스템이라 불리는 네트워크 비즈니스의 특 장점은 무엇인지 살펴보자.

- 쉽게 따라할 수 있어야 한다.

사업이란 많은 사람에게 기회가 제공되어야만 그 영역도 넓어진다. 즉 이것은 누구에게나 성공의 기회가 주어질 수 있다는 뜻이기도 하다. 만일 학력이나 성별, 나이, 경제적 능력의 조건과 제한이 있다면, 아마 네트워크 비즈니스는 지금 같은 높은 성장률을 이룰 수 없었을 것이다.

- 노력이 축적되고 복제되어야 한다.

직장이나 자영업은 한 번의 노력이 한 번의 결과만을 가져온다. 그러나 시스템에서는 한 번의 노력이 복제되어 훨씬 큰 결과를 만들어낸다. 또한 이달의 노력이 다음 달로 지속적으로 이어지고 축적된다. 즉 사업체가 처음 1명에서 10명, 100명, 천 명, 1만 명, 10만 명으로 커지며, 또 이렇게 복제된 사업은 시스템 속에서 자율적으로 움직이며 이익을 낸다. 즉 2~5년의 노력이 옛날식 사업의 20~50년의 결과를 가져다줄 수도 있다.

- 정보와 지식, 꿈을 공유해야 한다.

많은 이들이 시스템을 통해서 정보와 지식을 교류한다. 또 서로의 꿈을 시스템을 통해 다시 키우고 함께 발전시켜 나간다.

- 고정관념과 거절을 함께 극복해야 한다.

새로운 개념은 반드시 고정관념과 충돌을 일으킨다. 만일 나 혼자라면 그 고정관념을 극복하기가 쉽지 않다. 하지만 시스템은 여럿이 함께 장애물을 극복하게 해준다.

5) 풍요로운 노년을 위한 준비는 이렇게 **시작하라**

    예순이면 세상을 내려다볼 줄 알았지요. 그렇지 않았습니다. 큰 자산 없이 시작된 노후는 절망 그 자체였습니다. 처음에는 어느 정도 살 만 했지만 저축해둔 자산 금리가 내리고 부동산 경기마저 죽어버리면서 불안한 생각이 들었습니다. 무엇보다도 아내의 고통이 컸지요. 당뇨와 다른 질병으로 병원을 드나들며 많은 돈을 썼고, 매번 병원비를 자식들에게 떠넘길 수도 없었습니다.

    60이 넘어서까지 미래에 대한 불안으로 살 것이라고 꿈꾸지 않았건만 우리 부부가 그렇게 살고 있더군요. 그렇게 힘든 순간, 네트워크 비즈니스를 만났습니다. 같은 동에 살고 같은 교회에 다니는 아파트 부녀회장님의 권유였습니다. 저희 부부의 어려움을 알고 처음에는 건강 챙기시라며 건강기능식품과 생필

품 몇 개를 가져다주셨습니다. 써보니 좋아서 좀 더 구입할 수 없겠냐고 했더니 "아버님, 이건 회원제인데 괜찮으시겠어요?" 말하더군요.

그렇게 해서 제품을 사용하고, 좋은 제품은 제 지인에게 권해주는 단순하지만 나날이 보람 있는 사업이 시작되었습니다. 처음 이 사업을 시작할 때 한 결심은 "절대로 욕심을 부리지 않는다"였습니다. 어차피 자식들에게 부담을 주지 않을 정도로만 벌자고 생각했지요. 그래서 초기 자본을 막대하게 투자하기보다는 스스로 사용해보고 진짜로 좋다고 느끼면 권하자고 결심했습니다. 그렇게 제품을 구매하고 사용할 때 꼼꼼히 제품에 대해 리뷰하며 사업 구상을 한 것이 나중에 큰 도움이 될 거라고는 생각하지 못했지요.

누군가를 만나 사업을 권할 때는 제가 써본 제품에 대한 꼼꼼한 리뷰를 프린트한 것을 함께 건네드렸습니다. 제품이 좋지 않으면 사업을 할 필요가 없다고도 말했지요.

지금 이 사업을 시작한 제 지인들은 매우 만족하며 저희에게 고맙다고 인사를 건네곤 합니다. 함께 조금씩 사업에 동참시키면서 아내도 건강과 활력을 조금씩 되찾아가고 있습니다. 무엇보다도 자식들에게 병원비 이야기를 하지 않아도 될 만큼의 수입이 저희 부부에게 생겼습니다. 2년 만의 일이었습니다.

힘겨운 노년을 보내는 분들, 부디 희망을 잃지 마십시오. 절망에서 벗어나 주변을 둘러보면 반드시 보이지 않던 길도 찾을 수 있습니다. 이미 늦었다고 할 때가 시작입니다. 무리하지 않고 차분히 성장할 수 있는 최고의 사업, 네트워크 비즈니스를 여러분들에게 권하고 싶습니다.

아하, 그렇구나!

네트워크 비즈니스의 역사

네트워크 비즈니스의 본고장은 미국이다. 미국의 경우 이미 80년대에 이 네트워크 사업을 통해 매해 20%씩 신흥부자들이 탄생한 바 있다. 당시에는 인터넷이 없었던 만큼 그들은 각자의 이웃과 가족, 나아가 낯선 이들에게 자신들의 질 좋은 물건을 가장 합리적으로 판매하는 방식을 채택했고, 그렇게 오프라인에서 일정한 네트워크를 구축해 꾸준한 수익을 얻었다. 물건 하나를 팔고 사더라도 서로의 얼굴을 마주보고 모든 참여자들이 공유하고 나누는 시스템이 완성된 것이다.

이런 네트워크 비즈니스가 한국에 도입된 것은 70년대 후반 외국 여행객들이 찾아와 다단계 판매와 유사한 형태로 판매를 하면서 시작됐고,

세계적 기업인 미국의 암웨이가 한국 시장에 상륙하면서 본격적인 성장 일로에 접어들었다. 이후 1990년에도 여러 외국계 네트워크 비즈니스 사들이 국내에 진출하면서 전성기를 맞았지만, 계속되는 불법 행위 등으로 인해 네트워크 비즈니스로는 손해만 볼 뿐 절대로 돈을 벌 수 없다는 인식이 팽배했다.

하지만 1991년 상공자원부(현 통상산업부) 유통산업과는 방문판매 등에 관한 법률에 다단계 판매에 대한 규제를 강화하여 다단계 판매를 겨냥한 법률(안)을 개정 공포하였고, 1992년 7월 개정 방문판매에 관한 법률이 시행되면서 다단계는 합법화의 길을 걷게 되었으며, 현재는 여러 연구와 관심 속에서 많은 유수의 기업들에게 차용되면서 21세기를 이끌어갈 새로운 유통방식으로 인정받고 있다.

6장

연봉 2억을 위한 액션플랜

1) 사업 시작을 위한 준비는 이렇게 한다

네트워크 시스템은 한 개인이 상품을 토대로 소비자 그룹을 형성하는 것에서 시작된다. 그리고 회사 차원의 안정적인 시스템을 바탕으로 하나 하나 성공 원칙을 배워나가며 사업의 꿈을 펼칠 수 있다. 지금부터 사업 시작을 위한 기본적인 절차를 알아보자.

■ 사업 시작(회원가입)

회원가입자 유치 사업을 하기 위해서는 먼저 회원 가입이 필요하다.

※구비서류

⇒ 등록신청서 1부, 예금통장 사본 1통(보너스 수령시 사용),

신분증 사본(스마트폰 앱에서 할 수 있다)

■ 시작에 앞서 주목해야 할 점들

1. 비즈니스에서 성공하기 위해서는 시간이 필요하다. 어떤 사업을 결정하건 고민과 준비의 시간을 가져야 할 뿐만 아니라 이후로도 어떻게 사업을 진행할지 가늠해서 반드시 1~3개월의 계획을 세워야 한다.

2. 시간 관리와 회원 관리에 집중해야 한다. 사업은 사람을 만나는 일인 만큼 만나는 시간을 늘려야 한다.

3. 절대 포기하지 않는다면 무엇이든 얻을 수 있다. 어떤 사업이건 어려움이 있지만, 어려운 고비에서도 배울 만한 교훈은 있다. 어려움을 배움으로 여기고 꾸준히 전진하자.

4. 100%를 복제하라. 상식적인 원리로 초기에는 성장하지만 시간이 지날수록 어려워지는 것은 새로운 아이디어와 비즈니스 환경에 적응하지 못하기 때문이다. 네트워크 비즈니스는 복제를 통해 부자가 되는 사업인 만큼 시스템을 완벽히 숙지하자.

5. 마케팅 플랜을 배우고 가르쳐라. 사업도 운동과 마찬가지로 연습하고 반복하면 실력이 는다. 사업설명회의 경험과 노하우를 습득, 반복적인 교육을 통해 사업 스킬을 강화하자.

참여방법

1) 기초사업 설명회 참가   2) 중간 관리자 교육 참여   3) 세미나 및 리더 미팅 참여

6. 긍정적인 사고로 시작한다. 긍정적인 사고는 최고의 무기다. 항상 된다는 마음가짐으로 사업에 임하자.

2) 복제 시스템 익히기

　네트워크 사업의 장점 중에 하나는 성공 시스템이 끊임없이 복제를 거듭한다는 것이다. 경험자들이 먼저 습득한 노하우들은 그 자체로 모든 사업자들에게 도움이 된다. 난관을 극복하는 법, 사업을 확장하는 법, 사람을 대하는 방법 등 그 경험의 종류는 그야말로 무한하다.

　즉 열심히 배우려는 자세와 마음가짐만 있으면 얼마든지 그 방법을 따라하면서 실패를 줄일 수 있다는 뜻이다. 유경험자가 한 사람의 후원자가 되어 자신의 하위 라인인 무경험자에게 정보를 전달해 그가 한 사람의 사업자로서 자리를 잡을 수 있도록 하는 무한 시스템이 가능한 것이다. 다음은 복제 시스템의 원리를 설명한 것이다. 꼼꼼하게 읽어보자.

■ 네트워크 비즈니스 복제 시스템

1. 사업 방식을 업라인 스폰서와 똑같이 진행하며 단순하지만 성실하고 정직하게 행해야 한다. 신뢰와 우정이 이 사업의 원동력임을 기억하자.

2. 예를 들어 사업자 5명을 후원하고, 그 사람이 똑같은 방법으로 다른 사업자 5명씩 후원하도록 복제하고 그 하위로 같은 방법으로 계속적인 복제가 되도록 하면 1개월 후에는 다운 파트너가 780명이 되어 엄청난 그룹을 이끄는 사업이 될 수 있다. 만일 매달 한 사람으로부터 발생하는 이익금이 3만원이라 할 때 한 달에 약 2,000만원 이라는 수익이 발생하는 것이다.

시스템 복제 효과

당신

$\times 5 \rightarrow$

25 →

$\times 5$ **780명**

125 →

$\times 5$

625 →

1개월 기준 - 780명

6개월 기준 - 4,680명

1년 기준 - 9,360명

3. 하지만 당신 혼자서 이 엄청난 일을 할 수 없다. 중요한 것은 내 다운 파트너들이 나와 똑같은 방식의 사업을 복제할 수 있게 하는 것이다. 이 사업은 복제에 의한 시간 축적 사업이기 때문이다.

4. 그 외에 설명회 참여, 생활방식, 독서 모임 등 모든 시스템을 복제하라. 그러면 성공할 수 있다. 다만 이런 시스템은 가능한 한 단순해야 한다. 따라 하기가 어렵고 복잡하다면 계속적인 복제가 어려워지기 때문이다.

5. 또한 여러 문제가 생기더라도 두려움 때문에 포기할 필요는 없다. 이 사업에서 제공되는 시스템이 모든 일을 지속적으로 복제 가능하도록 도와줄 것이다.

멘토를 복제하라

시스템은 복제로부터 시작된다. 개개인의 개성이 강조되는 지금 시대의 사람들은 복제는 현대사회와 어울리지 않는 특성이라고 여긴다. 그러나 복제는 단순히 있는 그대로 베낀다는 의미가 아니라, 다른 것을 본뜨거나 본받는 것을 뜻한다.

자동차는 과거의 마차를 복제로써 탄생한 발명품이다. 비행기 역시 새의 비행 능력을 복제해 제작된 것이다. 따라서 우리도 '복제'라는 단어를 단순한 베끼기가 아닌 새로운 창조의 디딤돌로 생각해야 한다.

이는 인간적인 측면에서도 마찬가지다. 누구나 살아가면서 본받고 싶은 인생과 성공을 발견한다. 이때 그 사람의 삶을 복제함으로써 그의 인생을 나의 것으로 재창조하는 것이야말로 그의 성공을 내 것으로 만들 수 있는 가장 효율적인 방법이다. 누군가를 멘토로 삼아 그의 삶과 성공을 분석하고자 하는 노력을 통해 우리는 몇 단계 더 크게 성장할 수 있다.

3) 팀워크로 윈-윈(win-win)하자

네트워크 비즈니스는 차별이 존재하지 않는 평등을 기반으로 한 사업이다. 비슷한 맥락에서 네트워크 비즈니스가 크게 성장할 수 있었던 기반은 '타인의 성공이 곧 나의 성공'이라는 윈윈 시스템이었다.

사업도 가족과 친구 관계와 크게 다를 것이 없다. 특히 네트워크 비즈니스는 사람과 사람 사이의 관계가 중심이 되는 이른바 '팀워크 비즈니스'라고 해도 과언이 아니다. 그렇다면 왜 팀워크가 중요한 것일까?

쉽게 말해 네트워크 비즈니스는 사람을 변화시키고, 변화된 인간관계 속에서 휴먼 네트워크(human network)를 만드는 일이다. 서로 협력하여 비즈니스 능력을 신장시키고, 문제가 생겼을 때 서로를 도울 수 있다는 것이 네트워크 비즈니스의 힘이다.

네트워크 비즈니스의 윈-윈은 무엇보다도 사람 간의 신뢰와 배려를 바탕으로 한다. 즉 상대방의 성공을 바라는 마음가짐이 얼마나 중요한지를 강조한다. 나 혼자만은 절대로 성공할 수 없는 만큼 모두가 함께 꿈을 이루겠다는 다짐이 필요한 것이다.

따라서 고민을 나누고 더 나은 활로를 찾기 위한 과정이 매우 중요하다. 사업이 올바르게 성장하고 있는지를 함께 분석 점검하고, 사업진행 방향과 계획에 대해 전략을 짜는 것이다. 특히 이 사업은 신뢰의 사업이자 약속의 사업이므로 자신이 말한 것에 대해 실천을 통해 책임을 져야 한다. 그리고 이를 통해 많은 경험을 얻고 성공에 가까워지면, 또 그 힘을 다른 사람에게도 나누어져야 한다. 서로가 서로에게 힘과 나침반이 되어주는 것, 바로 네트워크 비즈니스의 파워다.

또한 네트워크 비즈니스는 조언 및 충고를 적극적으로 받아들이는 가운데 이루어진다. 내가 배운 것을 하위 사업자들에게도 가르치고 모르는 것이 있으면 상층 라인에게 도움을 받아야 한다. 네트워크 비즈니스야말로 홀로 할 수 없는 그야말로 팀워크 사업의 결정체다.

나아가 새로운 일을 시도하거나 어떠한 상황에 부딪쳐서 당황하게 될 경우 혼자 고민하는 대신 스폰서나 업라인과 의논하는 것이 좋다. 이를 카운슬링이라고 하는데, 이 카운슬링을 통해 사업적인 지식과 테크닉, 모르는 사항에 대한 해답, 사업적인 진행 상황, 사업의 미래 전망을 얻을 수 있다는 점에서 현실 가능한 목표를 세우고 자신의 상황에 맞춰 사업을 전개할 수 있다.

아하, 그렇구나!

사업설명회에 참가해야 하는 이유

사업에서 성공한 대부분의 사람들은 대단한 열정과 내면의 힘을 가진 이들이다. 또한 이런 이들은 결코 혼자 성공하는 것이 아니다. 성공한 사람들 주변에는 항상 성공한 사람들이 있다. 따라서 성공한 이를 멘토로 두었을 경우 그의 인적 네트워크를 배워볼 수 있는 좋은 기회를 만날 가능성이 높다. 또한 이들이 모여 있는 자리에서 성공한 사람들의 내면적 힘과 열정을 배워볼 수도 있다. 그 자리는 사적인 모임, 아니면 사업 세미나가 될 수도 있다.

즉 내가 배우고자 하는 성공 멘토가 참석하는 모임이나 자리를 나 역시 빠지지 않고 참석하는 것 역시 성공한 이들의 열정으로 스스로를 동기 부여하는 좋은 기회가 된다.

4) 성공 플랜 복제하기

시스템을 배울 때는 한 가지 명심할 점이 있다. 내가 배운 노하우를 혼자만 사용하는 것이 아니라 파트너들과 함께 나누겠다는 다짐이다. 또한 스스로 구체적이고 체계적인 내용을 갖는 것도 필요하다. 제품과 마케팅, 리더십과 팀워크, 봉사와 서비스정신, 경영능력 같은 전문적인 내용을 들 수 있다.

이 사업은 스스로 배우고, 배운 것을 행하는 모범을 보일 때, 비로소 누군가를 가르칠 수 있게 된다. 그렇게 하다 보면 사업도 성장하고 스스로도 업그레이드되어 '나'라는 1인 기업의 최고 성공자로 성장할 수 있다.

■ 이 사업의 성공의 핵심은 복제에 있다는 사실을 명심, 또 명심하라. 모든 사업은 시스템에 의해 교육하며, 진행한다고 생각하라.

■ 자신의 파트너를 가르칠 수 있도록 철저하게 배워라. 모르는 것이 있다면 곧바로 물어보고 직접 실행하면서 오류를 줄여

가야 한다.

■ 직접 후원하는 모든 파트너들에게 성공의 원칙을 배우도록 하라. 네트워크 비즈니스는 이를 파트너와 함께 배우고 실천하는 것에서 성공이 좌우된다.

■ 책, 모임, 세미나 등을 적절히 활용하라.

■ 사업설명회(STP)를 많이 할 때 사업도 빠르게 성장한다.

■ 네트워크 비즈니스에서 스폰서의 도움 없이 성공하기는 매우 어렵다는 점을 기억하되, 스폰서가 멀리 있어 적극적으로 후원을 받기 어렵다면 스스로 리더가 될 소질을 키워가야 한다.

아하, 그렇구나!

신뢰가 곧 성공이다

사업의 절반은 인심이라는 말이 있다. 심지어 동네의 식당도 단골손님을 제대로 대접하지 않으면 장사하기가 어려워진다는 것을 안다. 마찬가지로 사업도 고객들에 대한 철저한 관리가 필요하다. 나아가 사업은 결코 혼자 하는 것이 아니다. 가까운 지인들과의 도움이 필요하다. 특히 서로 상품을 소개하며 그룹을 만들어가는 인적 네트워크가 기반인 네트워크 1인 비즈니스는 더더욱 그렇다. 지인들에 대한 신뢰 상실은 곧바로 사업의 추락을 의미하는 만큼 진정성 있고 진실한 사업 관계를 쌓기 위해 노력해야 한다.

5) 동기부여 지속하기

이 사업의 기본적인 방향은 사업자들에게 의욕을 불어넣어 함께 가는 것이다. 또한 이를 한 번 하고 끝내는 것이 아니라 사업의 전반적인 틀에서 지속적으로 끌고 가야 한다. 이것이 항상 쉬운 것만은 아니다. 인간은 감정의 동물이다. 아무리 강한 사람도 갑자기 여러 가지 장애들로 인해 의욕이 감퇴되고 침체기를 맞이할 수도 있다. 이때 자신과 상대의 사업 상황을 정확하게 체크하고 힘을 주는 동기 부여를 할 줄 하는 사람은 훌륭한 리더가 될 수 있으며, 그 능력이 곧바로 성공으로 이어진다.

■ 성공 비즈니스를 위한 행동 요령

1. 칭찬과 격려 : 많은 사람들이 네트워크 비즈니스를 하는 이유는 서로 간에 격려하고 배려하고 인정하며 존중하고 아울러 격을 세워주기 때문이다.

2. 친교 : 팀워크를 중시하고 상호 협조적인 시스템에 따른다.

3. 의사소통 : 의문점을 갖지 말고 문의하여 사항을 점검한다.

4. 동기부여 : 훌륭한 모델을 앞에 두고 모방하라.

5. 적극적인 홍보 : 비즈니스 및 시스템을 홍보한다.

6. 복제 : 수입이 생기는 것보다 내적 성장에 집중한다.

아하, 그렇구나!

실패도 성공의 과정이다

IBM의 창시자인 왓슨 시니어에게 누군가 '회사에서 인정받고 승진하려면 어떻게 해야 하느냐' 고 묻자 그는 이렇게 대답했다고 한다. "예전보다 실수하는 횟수를 두 배로 늘리시오." 성공한 사람들은 실패한 가운데에서 자신의 길을 찾고 오히려 강한 사람이 될 수 있었다. 미국의 토크쇼 진행자인 오프라 윈프리의 한마디를 들어보자.

"나는 실패를 믿지 않는다. 당신이 중간에 재미를 느꼈다면 그것은 실패한 것이 아니기 때문이다." 그렇다. 실패라는 것은 우리의 두려움이 만들어낸 상상에 불과할지도 모른다. 거기에 실패가 있는 것이 아니라 오직 과정이 있을 뿐이다. 세상의 거의 모든 위대한 성공이 초반의 실패를 딛고서 얻어질 수 있었다는 점도 이를 증명하고 있지 않은가.

6) 긍정하고 열정 갖기

이 사업에서 성공한 사람들의 경험에 따르면, 사업을 처음 설명하면 대부분이 예상한 반응을 보인다고 한다. 이 사업이 가진 가능성에 무척 흥분하면서도 '뭔가 함정이 있지 않나' 의문을 가지거나 의심, 두려움을 보인다는 것이다.

사실 사업을 시작한다는 것은 여러 위험부담이 있고, 용기 또한 필요하다. 이렇게 여러 감정이 복합적으로 나타나는 것도 무리는 아니다. 그러나 이런 마음 상태도 사업 속에서 얼마든지 열정과 긍정으로 바뀔 수 있다.

■ 열정은 어떻게 자라나는가?

이 사업은 초반 시작이 결말을 좌지우지한다고 해도 과언이 아니다. 어떤 마음가짐으로 시작할지는 전적으로 내 각오와 다짐에 달려 있다.

첫 시작이 열정적인 사람은 사업 내내 충실할 수 있다. 지금 하고 있는 일이 즐거울 때, 하고 있는 일을 확신할 때, 반드시 성공하겠다, 성공할 수 있다는 강렬한 믿음을 가지면 열정도 자연스럽게 자라난다. 물론 처음부터 열정과 긍정으로 무장하기는 쉽지 않다. 확신과 긍정적인 사고방식은 노력을 통해 길러지는 만큼 다양한 방식을 활용해 스스로를 북돋아줄 필요가 있다.

■ 부정적인 것을 멀리하라

사업을 확신 있게 꾸려나가기 위해서는 "그래봤자 부자는 못 될 거야"라는 당나귀들의 말에 귀를 기울여서는 안 된다. 꿈을 잃고 희망 없이 살아가는 사람의 부정적인 말을 멀리 하되, 오히려 그들에게 꿈과 희망을 안겨줄 수 있도록 노력해야 한다.

다만 이것을 혼자 하기 어렵다면 도움이 될 만한 다양한 책들을 읽고, 성공한 사람들의 경험담을 담은 테이프 같은 도구도 큰 도움이 될 수 있다. 나아가 성공한 사람들이 모이는 미팅에 열심히 참가하는 것도 중요하다. 이것들을 활용하다 보면 성공한 사람들이 자신들의 긍정적인 사고방식을 어떻게 키워나갔는지를 배울 수 있다.

특히 다양한 사람들이 모이는 미팅 자리는 긍정적인 마음을 북돋아주는 최고의 장소이다. 이런 장소에서는 수많은 성공 사례들을 듣게 된다. 말을 잘 못하는 사람, 나이 많은 사람, 순진하기만 한 사람, 배움이 짧은 사람, 시간이 너무 바빴던 사람 등 도저히 이 일을 해낼 것 같지 않은 사람들도 성공하는 걸 보면서 '나도 할 수 있다' 는 확신을 갖게 된다.

■ 끝까지 한다는 다짐으로 역경을 넘어라

이제는 그만둬야지 하는 생각이 들 때면 반드시 한 가지를 기억하자. 실패자는 결국 이 갈림길에서 뒤돌아선 사람이며, 성공한 사람은 이 역경을 딛고 앞으로 전진해간 사람이라는 점이다.

사업의 확고한 성공 시스템을 믿고, "나도 할 수 있다"는 사실을 믿어라. 그렇게 믿는 이 사업은 누구나 할 수 있는 일이라는 것을 알게 될 것이다. 당신을 믿으면 성공이 보일 것이다. 살아 있는 물고기는 물을 거슬러 올라가지만 죽은 물고기는 물살에 몸을 맡기고 물결이 흐르는 대로 떠내려간다. 부정적인 사고를 갖는 사람들은 "할 수 있어 보이지만 어려워!" 라고 말하는 반면, 긍정적인 사고를 가진 사람이라면 "좀 어렵긴 하지만 할 수 있어!" 라고 말할 수 있어야 한다.

성공한 사람들은 발로 뛴 사람들

주변을 둘러보라. 노력하지 않고 성공을 거둔 사람이 몇이나 있는가? 시간 투자를 충분히 하지 않은 사업자가 갑자기 많은 돈을 번다는 건 사실 망상에 가깝다는 걸 여러분도 알 것이다.

실로 정상급 수준을 성취한 1인 네트워크 사업자들의 이야기를 들어보면 그야말로 눈물겨운 사연이 한둘이 아니다. 주위 사람들의 편견과 배척과 싸우고, 발로 뛰면서, 밤잠을 줄여서 책을 읽고, 휴일에도 수많은 미팅에 나가며, 스스로 올바른 시스템을 쌓기 위해 노력해온 이들이다. 만일 이런 이들을 한번이라도 곁에서 자세히 살펴보면 노력 없이 일확천금이 가능하다는 생각도 사라질 것이다.

나아가 일확천금은 얻게 되는 그 순간에는 좋지만, 어떠한 경험과 교훈도 남겨주지 않는다.

네트워크 비즈니스에 도전하고자 한다면, 무엇보다도 성실성으로 승부를 보겠다는 정직함은 최우선의 가치로 삼아야 한다.

7) 많이 **만나고,** 많이 **대화하면** **성공** 한다

이 사업의 기본은 인터넷 상에서건 오프라인 상에서건 많은 사람들과 접촉하며 사업의 비전을 알려가는 것이다. 그럼에도 대부분의 사업자들이 사람을 만나 사업에 대해 설명하는 것을 두려워한다. 하지만 여러분이 접촉하려 하는 사람들은 결국 여러분의 인맥이 되는 것이며, 이것은 경험자는 물론 누구도 대신 해줄 수 없는 부분이다.

혹자는 네트워크 비즈니스의 최대 난관으로 다음 세 가지를 꼽는다. 확신의 결여, 다른 사람들이 나를 어떻게 생각할까에 대한 우려, 그리고 실패에 대한 두려움.

하지만 네트워크 비즈니스에서 사람을 만나서 설명하는 일은 꿈과 소망을 이루기 위한 가장 구체적인 단계다. 많은 사람들에게 내가 가진 희망을 나누어주고 그 꿈에 동참시키는 일이기 때문이다. 아무리 원대한 목표와 꿈을 세워도 그것을 구체적으로 내보일 수 있는 자리가 없다면 아무 소용이 없다. 기회를 찾았다면, 그에 대한 정보를 수집하고 장·단기 계획을 세운 뒤, 이것을 많은 사람들과 나누어야 한다. 사업도 결국은 사람을 대상으로 하는 일이기 때문이다. 즉 사람을 만나지 않으면 아무것도 이루어지지 않는다. 특히 네트워크 비즈니스는 사람 속에서 이루어지는 것인 만큼 언제나 만나고 대화할 자세가 되어 있어야 한다.

■ 기억해야 할 비즈니스 성공 비결

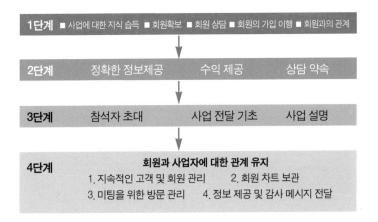

1단계	■ 사업에 대한 지식 습득 ■ 회원확보 ■ 회원 상담 ■ 회원의 가입 이행 ■ 회원과의 관계
2단계	정확한 정보제공 수익 제공 상담 약속
3단계	참석자 초대 사업 전달 기초 사업 설명
4단계	**회원과 사업자에 대한 관계 유지** 1. 지속적인 고객 및 회원 관리 2. 회원 차트 보관 3. 미팅을 위한 방문 관리 4. 정보 제공 및 감사 메시지 전달

사람을 만나는 방식 또한 고민해볼 필요가 있다. 전화를 할 것인가, 약속을 잡을 것인가, 아니면 초대를 할 것인가. 그리고 이 모든 일에 앞서 준비해야 할 것은 진실하고 열정적인 자세, 또 사람을 겁내지 않는 용기이다. 만일 누군가에게 거절을 당하거나 약속장소에 나타나지 않았다고 좌절할 필요는 없다.

처음부터 사람 만나는 일에 백 퍼센트 성공하는 사람은 존재하지 않는다. 이것은 단지 성공으로 가는 과정, 거쳐야만 하는 통과의례다. 사람은 새로운 것을 쉽게 받아들이려 하지 않는 습성이 있다. 따라서 사람을 만날 때 겪게 되는 모든 실수나 상처에 상심하거나 의기소침해 하지 말자.

네트워크 사업에 대한 질문과 답변

회원을 통해 돈을 버는 구조입니까?

불법 피라미드에서는 업라인이 다운라인에게 강제로 물건을 떠넘기는 식으로 이윤을 착취하지만, 네트워크에는 경험 많은 사람과 이제 시작한 사람이 팀을 구성해 서로 도우며 사업을 진행할 뿐 상하 관계가 존재하지 않습니다. 또한 누군가를 회원 가입시켜 커다란 금액을 받는 것도 아니며, 단지 시대 흐름에 맞는 훌륭한 사업을 소개시켜 주고 그로부터 발생한 이윤을 나누는 극히 합리적인 사업입니다. 즉 사업에서 누군가에게 사업을 함께 할 것을 권하는 것은 그 사람과 좋은 파트너가 되어 함께 이윤을 얻고자 함이며, 좋은 정보를 공유함으로써 더 큰 성공을 이루고자 하는 것입니다.

먼저 시작하는 사람이 유리합니까?

어떤 사업이든 먼저 시작한 사람이 늘 유리한 법은 없습니다. 신규 사업자가 기존 사업자를 훌쩍 뛰어넘기도 하고, 훌륭한 사업 방법으로 단기간에 성장하는 사람들도 있으니까요. 실제로 어떤 분야든 수없는 회사가 무너지고 또 다른 신생 회사들이 생겨납니다. 오히려 네트워크 비즈니스는 자본금이 들지 않으므로 도산이라는 것이 존재하지 않을뿐더러, 오직 얼마나 열심히 사업을 펼치느냐에 따라 성과가 달라집니다.

먼저 시작한 사람이 유리하다는 말은 근거가 없다고 봐야 합니다.

경제적 여유가 없는데 사업을 할 수 있나요?

많은 이들이 이 사업을 시작하는 것도 지금보다 나은 경제적 여유를 위해서입니다. 즉 돈이 없기 때문에 돈을 벌려고 하는 것입니다. 이 사업은 큰돈이 드는 것이 아닙니다. 생활용품은 일종의 소모 상품이자 기호 상품이므로 어차피 사용후 바꿔야 합니다. 다만 이 기회에 바꿔서 소비를 하는 것이 낫다는 것뿐입니다.

과거 비슷한 사업을 해본 이들이 돈이 안 된다고 하던데요?

아이템이 좋다고 해서 그 아이템으로 하는 모든 사업이 성공하는 것은 아닙니다. 무조건 일반화하기 전에 과거의 사업이 어떤 형태였는지 돌이켜보고 그 다음 비교를 해보면 네트워크 사업을 좀 더 잘 이해하게 되지 않을까요?

하다가 그만둬도 계속 수입이 발생하나요?

한번 구입한 금액은 소진할 때까지 잔액을 모두 사용할 수 있으니 손해 볼 일이 없습니다. 또한 스폰서와 파트너 각자의 사업으로 진행되는 한편 사업을 그만둬도 단순히 그 통신 상품을 사용하는 것만으로도 수입이 발생합니다.

전달과 모집이 어렵다던데요?

네트워크 사업은 물건 하나를 팔기 위해 초인종을 누르는 영업 형태의 판매가 아닙니다. 일단 시스템이 구축되면 자연스럽게 다른 조직으로 연결되므로 많은 사람을 필요로 하는 사업도 아닙니다. 따라서 정보를 잘 전달하고 서비스로 연결만 하게 되면 저절로 팔리는 상품입니다.

말을 잘 못 해서 걱정인데 괜찮을까요?

이 사업은 말로 유혹하는 사업이 아니며, 말을 못 한다고 해도 오히려 나을 수 있습니다. 있는 그대로를 사실로서만 이야기하는 것이 오히려 진실성을 전달하는 데는 낫기 때문입니다. 또 하나 기억해야 할 것은 아무리 말 잘하는 사람도 처음부터 그랬던 것은 아니라는 점입니다. 이 부분은 차근차근 배우면 됩니다.

인맥이 없어서 어렵지 않나요?

아마 이 부분이 걱정이 되실 것입니다. 충분히 공감합니다. 하지만 이 사업을 진행한 많은 이들의 경험으로 볼 때, 이 사업에는 결코 많은 인맥이 필요한 것은 아닙니다. 인맥 중에 믿을 만한 몇 사람으로도 서로서로 도우면서 이끌어가는 것이 충분히 가능합니다. 또한 사업을 하다 보면 자연스레 인맥을 만들 기회가 수없이 다가옵니다.

시간 소비가 많을까요?

우리가 이 사업을 하는 것은 좀 더 큰 시간적 자유를 얻기 위해서입니다. 이 사업은 자리를 잡으려면 2~3년이 걸립니다. 어찌 보면 다른 사업들에 비해 많은 시간을 필요하지 않은 것일 수도 있습니다. 2년에서 3년은 자신과 미래를 위해 투자한다고 생각하면 결코 긴 시간은 아닙니다.

출처-네트워크 비즈니스가 당신에게 알려주지 않는 42가지 비밀

네트워크 비즈니스로
인생의 꿈을 펼치자

사람들은 누구나 행운을 원한다. 그러나 행운도 아무 노력도 안 하는데 우연히 하늘에서 떨어지는 금덩이가 아니다. 아니, 하늘에서 뚝 떨어진 것 같은 엄청난 행운도 자세히 보면 우연히 찾아온 것이 아니라, 수년간 꾸준히 준비한 결과인 경우가 많다. 혹시 여러분도 지금 난관을 돌파할 만한 새로운 방법을 찾고 있는가?

네트워크 비즈니스는 네트워크와 소비문화의 발달이라는 현실에 기반해 시작할 수 있는 가장 위험성이 적은 사업이자, 인적 네트워크에 기반을 두고 무한대로 성장과 확장이 가능한 사업이다. 나아가 일상생활의 소비 패턴을 바꾸는 것만으로도 수익 일부를 인세처럼 평생 지급받게 되는 안정적인 사업이다.

나아가 이 사업에는 학벌도 연령 제한도 없고, 나아가 큰 자본도 필요 없다면 어떻게 하겠는가? 누구나 시작할 수 있는 이 기회를 그냥 지나쳐야 하겠는가?

모두가 바쁘고 힘들게 살아간다지만, 그 순간에서 잠시만 벗어나 자신에 대해 깊이 생각해보면, 분명히 우리에게는 이보다 더 원대한 꿈이 있었음을 기억할 수 있을 것이다. 어린 시절 스케치북에 그렸던 햇살 가득한 풍경, 가족들과 행복하게 웃는 장면, 조금 더 자유로운 인생, 조금 더 풍요로운 삶, 이 모든 것들이 과연 잡을 수 없는 꿈이기만 할까?

이 책은 우리가 꿈꾸었던 자유로운 인생, 꿈을 향해 도전하는 삶이 결코 불가능하지 않다는 것을 말하기 위해 쓰여졌다.

우리 모두에게는 '삶' 이라는 한없이 넓은 바다를 가장 알차고 행복하게 항해할 수 있는 힘이 있다. 변화는 반드시 기회를 동반한다. 그 변화는 외적인 것에서도 시작되지만 여러분의 마음 내부에서도 일어나는 것이다. 새로이 변화하고 내 안에 잠재해 있던 기회와 능력을 움켜쥐겠다는 생각으로 하루하루를 임하면, 반드시 꿈을 이룰 수 있는 길이 보이게 마련이다. 새로운 마음가짐으로 도전하라. 그리고 그 도전의 순간은 지금이라는 점을 잊지 말아야 할 것이다.

매달 2천만 원 버는 네트워크 비즈니스의 비밀

그게 가능해?

초판 1쇄 인쇄 2015년 03월 15일
2쇄 발행 2015년 03월 20일

지은이 서진숙
발행인 이용길
발행처 **모아북스**
MOABOOKS

관리 정윤
디자인 이룸

출판등록번호 제 10-1857호
등록일자 1999. 11. 15
등록된 곳 경기도 고양시 일산동구 호수로(백석동) 358-25 동문타워 2차 519호
대표 전화 0505-627-9784
팩스 031-902-5236
홈페이지 www.moabooks.com
이메일 moabooks@hanmail.net
ISBN 979-11-86165-80-5   03320

누구나 성공하는 네트워크 비즈니스

이 책을 전해주신 분께서 네트워크 비즈니스에 대한
정보와 세미나에 대해 자세히 안내해 줄 것입니다.

성 명 : _____

연락처 : _____

이메일 : _____